COLLECTION TEL

Maud Mannoni

Le premier rendez-vous avec le psychanalyste

PRÉFACE DE
FRANÇOISE DOLTO

Denoël/Gonthier

1988

Maud Mannoni est née en 1923. D'origine néerlandaise, elle passe son enfance aux Indes (à Ceylan) et aux Pays-Bas (à Amsterdam). Dès l'âge de dix-huit ans, elle travaille « sur le terrain » et se trouve, en tant qu'analyste en formation, accueillie successivement à l'école Decroly pour anormaux (Uccle), à l'Institut Sainte-Marguerite de Cortone (docteur Dellaert, Anvers) et à l'hôpital Brugmann (docteur Nyssen, Bruxelles). Membre de l'Association internationale de psychanalyse (Société belge, 1947), elle vient à Paris parfaire sa formation auprès de Françoise Dolto et de Jacques Lacan. Bien des années plus tard, Hélène Chaigneau l'accueille dans son service de Ville-Évrard.

Cofondatrice d'un lieu pour enfants et adolescents psychotiques à Bonneuil (1969), elle prend part au plan analytique à une politique de désaliénation des institutions. Bonneuil acquiert une notoriété internationale. Après avoir suivi Lacan dans les différentes scissions, elle fonde en juillet 1982 avec Octave Mannoni et Patrick Guyomard le Centre de formation et de recherches psychanalytiques. La même année, elle présente « à titre de symptôme » un doctorat d'État ès lettres et sciences humaines (dans le département de psychanalyse de l'Université Paris VII). En 1983, elle crée avec Patrick Guyomard la collection « L'espace analytique » chez Denoël.

PRÉFACE

Maud Mannoni et Colette Audry m'ont fait l'honneur de me demander de préfacer ce livre. Le lecteur aura peut-être déja lu le livre, antérieurement paru, du même auteur « L'enfant arriéré et sa mère »[1], il ne sera pas déçu par celui-ci. Cette préface paraîtra peut-être ardue et d'une langue trop spécialisée aux lecteurs de Maud Mannoni qui a le talent d'écrire en une langue claire et facile. Je pense qu'elle intéressera cependant quelques-uns d'entre eux, en ce que j'y pose des questions de prophylaxie mentale des troubles affectifs et sociaux, question qui m'est chère et à laquelle la Psychanalyse des enfants nous sollicite journellement de penser. Que le lecteur rebuté par ma prose aille directement au texte de Maud Mannoni et revienne ensuite à mon propos qui lui paraîtra alors moins ingrat. J'ai voulu souligner et développer les questions essentielles que ce livre expose et illustre :

— La spécificité de la Psychanalyse.

— La spécificité du Psychanalyste, son écoute.

— Les relations dynamiques inconscientes parents-enfants. Pathogénie ou santé mentale.

— Le complexe d'Œdipe et sa résolution. Pathogénie. Prophylaxie de ses troubles.

1. Maud Mannoni : *L'enfant arriéré et sa mère,* Éditions du Seuil, mai 1964 *in* « Champ Freudien », collection dirigée par Jacques Lacan.

— La Société (l'école) son rôle éducationnel pathogène ou prophylactique.

I Spécificité de la Psychanalyse

Le livre qu'on va lire est tout simplement passionnant. Il contient le témoignage d'une longue expérience de consultations psychanalytiques. D'une manière vivante, il nous permet d'accéder à une documentation clinique énorme en peu de pages, et fait comprendre ce qu'est l'apport spécifique de la Psychanalyse dans les consultations médico-psychologiques. Ceci était un point assez important à présenter car il y a, depuis le début de ce siècle, du fait de la découverte de la Psychologie expérimentale, génétique, interrelationnelle, un nombre croissant de personnes dont l'activité professionnelle est consacrée à la psychotechnique, à l'orientation, à la réadaptation, à des conseils de toutes sortes et enfin à la psychothérapie. Leur formation est extrêmement polymorphe, les méthodes employées ont toutes leur justification expérimentale et toutes des échecs et des succès. La psychotechnique est maintenant tellement répandue qu'il n'est pour ainsi dire pas d'enfant des grandes villes qui, au cours de sa scolarité, ne passe quelques tests individuels ou collectifs. On en fait passer aux conscrits, aux employés des grandes entreprises ; les journaux, les magazines vont jusqu'à offrir à leurs lecteurs la possibilité de se juger eux-mêmes par l'intermédiaire d'une série de tests qui sont vaguement étalonnés, et qui, plus ou moins sérieux, ont répandu dans le gros public des notions de psychologie. Et la Psychanalyse ?

On en parle pourtant partout, dans la presse de lecture facile aussi bien qu'en Philosophie. Mais il y a tant de consultations « psy » et de donneurs de conseils aux parents en difficulté, trop facilement convaincus d'incompétence éducationnelle et prêts à remettre leurs responsabilités, quand il s'agit de leurs enfants, en des mains techniques, comme ils le font pour leurs voitures aux mécaniciens ! Le public, devant tout cet appareil qui s'instaure en institutions, confond le psychanalyste avec le psychotechnicien, le psychosociologue, le psychosomaticien, l'orienteur professionnel, le rééducateur, ou encore l'expérimentateur (celui qui cherche, par curiosité scientifique à provoquer des réactions). En tout cas, la plupart des gens, ainsi que bien des médecins croient encore que le psychanalyste va faire ceci ou cela, va influencer, va moraliser, va stimuler, raisonner, bref agir par ses paroles comme avec un médicament, par une sorte de suggestion, pour conduire le sujet à se comporter « bien ».

Or le psychanalyste n'ajoute pas un dire nouveau. Il permet aux forces émotionnelles voilées, en jeu conflictuel, de trouver une issue, il reste au consultant à les diriger lui-même... La psychanalyse est et reste le point d'impact d'un humanisme qui s'éclaire depuis Freud de la découverte de processus inconscients, agissant à l'insu du sujet et limitant sa liberté. Ces processus inconscients prennent souvent leur force du fait qu'ils s'enracinent dans des processus primordiaux de l'éclosion de la personnalité, elle-même soutenue par la fonction du langage, mode de rapport interhumain axial à l'organisation de la personne humaine.

La psychanalyse thérapeutique est une méthode de recherche de vérité individuelle par delà les événements dont la réalité n'a pas d'autre sens pour un sujet que la façon dont il y a été associé et s'en est ressenti modifié. Par la méthode du tout dire à qui tout écoute, le patient en analyse remonte aux fondations organisantes de son affectivité de petit garçon ou de petite fille. Inachevé physiologique à la naissance, l'être humain est en butte aux conflits de son impuissance réelle et de son insatiable désir d'amour et de communication, à travers les pauvres moyens de ses besoins par lesquels, assisté des adultes, il se leurre d'échanger l'amour dans des rencontres corps à corps, pièges du désir. Le pouvoir de rencontre se découvre à lui, par delà les séparations, dans les zones érogènes qui le relient au corps d'autrui, dans l'effet à distance des sonorités vocales de l'autre, qui, caressantes ou violentes, mimétisent les contacts mémorisés au corps. La fonction symbolique spécifique de la condition humaine s'y organise en langage. Ce langage, porteur de sens, nous rend présent un sujet dont l'existence originale est revêtue de ses peines et de ses joies, — son histoire pour lui —, de sa rencontre avec « l'homme » (sous forme des humains masculins et féminins) qui l'a fait se savoir « Homme » d'un sexe ou de l'autre. Ce savoir, ce se-à-voir, peut le rendre sourd, muet, aveugle, paralytique, malade, en un lieu de son corps, par un contretemps de sa rencontre. Ce n'est rien moins que la restauration de sa personne originelle libérée de son attente illusoire, ou de ces effets-chocs et contre-chocs à l'autre, que vise la psychanalyse thérapeutique, restauration qu'elle promeut parfois. Science de l'homme par excellence, la psychanalyse est, depuis Freud, son fondateur, en perpétuelle recherche et son champ d'étude voit ses limites s'étendre de plus en plus à des désordres de la santé mentale, de la conduite et de la santé somatique.

II Spécificité du Psychanalyste praticien

Le livre de Maud Mannoni est un document-témoin, accessible à beaucoup. Il fait coopérer le lecteur à la première démarche d'un consultant venant pour lui ou pour un être cher, et motivée par une demande d'aide au Psychanalyste. Chaque lecteur, grâce à l'art de l'auteur, se sentira plus ou moins concerné, initié à un mode nouveau, dynamique, de penser les conduites humaines et leurs dérèglements. Il comprendra ce que l'on veut dire lorsque l'on dit, parlant du psychanalyste, que ce qui fait sa spécificité c'est sa réceptivité, son « écoute ». Il y verra des gens qui sont venus, sachant à peine à qui ils s'adressaient, envoyés par leur médecin, par l'éducateur, par quelqu'un qui sait les difficultés dans lesquelles ils sont, mais qui ne peut pas les aider directement ; ces gens là, en présence d'un psychanalyste, commencent à parler comme ils parleraient avec tout un chacun et cependant, la seule manière d'écouter du psychanalyste, une écoute au plein sens du terme, fait que leur discours se modifie, prend un sens nouveau à leurs propres oreilles. Le psychanalyste ne donne ni tort, ni raison ; sans juger, il écoute. Les mots qu'emploient les consultants sont leurs mots habituels, mais la manière d'écouter est porteuse d'un sens d'appel à une vérité qui les oblige à approfondir leur propre attitude fondamentale vis-à-vis de cette démarche qu'ils font là, et qui se révèle ne ressembler à aucune autre démarche vis-à-vis des psychologues, éducateurs ou médecins. En effet ceux-ci sont, par leur technique, orientés vers la découverte et la cure d'une déficience instrumentale. Ils répondent au niveau du phénomène manifesté, du symptôme : angoisse des parents, perturbation scolaire ou caractérielle de l'enfant, par une mise en jeu de dispositifs de secours spécifiques, préconisant des mesures thérapeutiques ou correctrices rééducatives.

Jusqu'à la première rencontre avec le psychanalyste, le problème n'est donc abordé qu'au niveau de l'objet de la requête, et il n'y a requête qu'à propos d'objets de caractère négatif pour l'entourage : la réussite scolaire, par exemple, paraît toujours en soi un objet positif, l'absence de troubles du caractère gênants pour la tranquillité de l'entourage aussi. Or ces deux résultantes psychodynamiques n'ont de valeur culturelle authentique que si le sujet est effectivement créatif et non pas seulement soumis aux exigences des adultes, que s'il est en communication langagière, verbale, affective et psychomotrice de son âge avec son entourage, que s'il est à l'abri de tensions internes, dégagé, au moins dans ses pensées et jugements, de la dépendance au désir d'autrui, à l'aise dans la fréquentation des compagnons des deux sexes de sa génération, apte à aimer et être aimé, apte à communiquer ses sentiments, apte à faire face aux frustrations et aux difficultés quotidiennes de toutes sortes sans se décompenser, bref, s'il montre une élasticité caractérielle et mimique qui caractérise la santé mentale. Des symptômes acceptés comme positifs par l'entourage souvent aveugle, qui valorise ce qui le flatte, sont en réalité pathologiques pour le sujet que n'habite aucune joie, aucune option créatrice libre, dont l'adaptation est accompagnée d'inadaptabilité à d'autres conditions qu'à son strict modus vivendi, et sont en fait des signes de névrose infantile et juvénile actuelle ou enkystée. Pour le psychanalyste, ce ne sont pas les symptômes apparemment positifs ou négatifs en eux-mêmes qui importent, ce n'est pas la satisfaction ou l'angoisse des parents — qui d'ailleurs peut être tout à fait saine et justifiée — devant un enfant dont ils se sentent responsables, c'est ce que signifie pour celui qui vit, exprimant tel ou tel comportement, le sens fondamental de sa dynamique ainsi présentifiée et les possibilités d'avenir que, pour ce sujet, le présent prépare, préserve ou compromet.

Quel que soit l'état actuel apparent, déficient ou perturbé, le psychanalyste vise à entendre, derrière le sujet qui parle, celui qui demeure présent dans un désir que l'angoisse authentifie et masque à la fois, présent emmuré dans ce corps et cette intelligence plus ou moins développée, et qui cherche la communication avec un autre sujet. Aux angoisses et aux demandes de secours des parents ou des jeunes, le psychanalyste permet que se substitue la question personnelle et spécifique du vœu le plus profond du sujet qui lui parle. Cet effet de révélateur, il l'obtient par son écoute attentive et sa non-réponse directe à la demande qui lui est faite d'agir pour faire disparaître le symptôme, pour apaiser l'angoisse. Le psychanalyste, en suscitant la vérité du sujet, suscite à la fois le sujet et sa vérité. En un second temps, qui ne fait pas l'objet de ce livre et qui est le temps de la cure psychanalytique, le sujet découvrira par lui-même sa vérité et la liberté relative qui lui est laissée de sa position libidinale par rapport à son entourage ; ce second temps a comme lieu de sa révélation le transfert.[1] Ce que ce livre apporte aussi, c'est la découverte qui, pour beaucoup de lecteurs sera nouvelle, qu'au cours d'un seul entretien psychanalytique apparaît déjà clairement l'intrication des forces inconscientes entre géniteurs, ascendants et descendants. Le lecteur saisira sans peine comment un être humain, dès sa vie prénatale, est déjà marqué par la manière dont il est attendu, par ce qu'il représente ensuite, par son existence réelle devant les projections inconscientes des parents, lesquels, servant d'interlocuteurs et de modèles naturels, altèrent trop souvent chez l'enfant le sens des références vécues à des paroles justes, cela parfois dès sa naissance. Quel est donc le rôle du psychanalyste ? Je viens de dire que c'est celui d'une présence humaine qui écoute. Comment cet être humain fait comme les autres, issu de la même popula-

1. Le transfert est la relation imaginaire, à la fois consciente et inconsciente, du psychanalysé demandeur vis-à-vis du psychanalyste témoin, non répondant et acceptant les effets rémanants de l'histoire du sujet à travers ses déconvenues pathogènes. Ce transfert est le moyen spécifique de la cure psychanalytique. Son établissement, son évolution et sa disparition finale font la caractéristique de chaque cure.

tion a-t-il été formé de sorte que son écoute produise de tels effets de vérité ? Eh bien, il a été formé lui-même par une psychanalyse généralement longue et des cures menées par lui sous le contrôle d'un praticien aîné. Cette formation lui a permis d'atteindre à une certaine authenticité de son être, derrière le robot que nous sommes tous un peu du fait de l'éducation. A travers les propos qui lui sont tenus, sa sensibilité réceptrice lui permet d'entendre à plusieurs niveaux le sens sous-jacent émotionnel aux propos de son patient, et plus finement que ne peuvent généralement le faire ceux qui n'ont pas été psychanalysés.

III Les relations dynamiques inconscientes parents-enfants, leur valeur structurante saine ou pathogène

Les exemples donnés par Maud Mannoni montrent ce phénomène induit dans l'écoute analytique, ils montrent aussi l'impossibilité pour la communication de franchir certains seuils. Là où le langage s'arrête, c'est le comportement qui continue à parler, et lorsqu'il s'agit d'enfants perturbés, c'est l'enfant qui, par ses symptômes, incarne et présentifie les conséquences d'un conflit vivant, familial ou conjugal, camouflé et accepté par ses parents.

C'est l'enfant qui supporte inconsciemment le poids des tensions et interférences de la dynamique émotionnelle sexuelle inconsciente en jeu chez les parents, dont l'effet de contamination morbide est d'autant plus intense que le silence à leur propos et le secret en est gardé. L'éloquence muette d'une perturbation réactionnelle des enfants en présentifie à la fois le sens et les conséquences dynamiques inconscientes. Bref, c'est le jeune enfant et l'adolescent qui sont porte-parole de leurs parents. Les symptômes d'impuissance que l'enfant manifeste sont ainsi une résonance aux angoisses ou aux processus réactionnels à l'angoisse de leurs parents. Leur impuissance est souvent l'illustration en modèle réduit de celle d'un des parents, déplacée du niveau où elle se manifeste chez l'adulte au niveau d'organisation libidinale précoce de la personnalité de l'enfant, ou encore au niveau de l'organisation œdipienne actuellement en cours. L'exacerbation ou l'extinction des désirs, actifs ou passifs, de la libido (orale, anale ou prégénitale œdipienne) ou la symbolisation chez l'enfant de ses pulsions endogènes, sont la réponse complémentaire aux désirs refoulés de parents insatisfaits dans leur vie sociale ou conjugale, et qui attendent de leur progéniture la guérison ou la compensation à leur sentiment d'échec. Plus les humains sont jeunes, plus le poids des inhibitions dynamiques subies directement ou indirectement par les tensions et l'exemple des adultes mutilent leur libre jeu de vitalité émotionnelle, moins ils peuvent s'en défendre créativement ; et les troubles très graves du développement psycho-moteur mental ou de la fragilité de santé, par effet dit psychosomatique, des très jeunes enfants, sont la conséquence de ces relations perturbées au monde — alors que le monde de l'enfant est encore réduit à l'adulte nourricier. Combien de désordres organiques du nourrisson et du jeune enfant sont l'expression des conflits psychoaffectifs de la mère, ceux-ci dûs surtout à la névrose maternelle, c'est-à-dire spécifique de son évolution perturbée anté-maritale, ou à celle du père qui perturbe l'équilibre émotionnel de l'enfant par les épreuves émotionnelles que le père subit lui-même et qu'il fait subir au jour le jour à sa femme, mère de l'enfant.

— « J'ai mal à la tête » disait un enfant unique de 3 ans. (On me l'avait amené parce qu'il était impossible de le garder à la maternelle où il ne cessait de se plaindre de sa tête, paraissait malade, passif et douloureux. Il était, de plus, sujet à des insomnies, état auquel son médecin ne trouvait pas de cause organique). Avec moi, il répétait son soliloque. Je lui demandai :

— « Qui dit ça ? »

Et lui allait, répétant d'un ton plaintif : « J'ai mal à la tête ».

— « Où ? Montre-moi où tu as mal à la tête ? » Question qui ne lui avait jamais été posée.

— « Là », montrant sa cuisse près de l'aine.

— « Et là c'est la tête à qui ? »

— « A maman ». Cette réponse, vous pouvez le croire, stupéfia les deux parents présents.

Il était l'enfant unique d'une migraineuse psychosomatique, surprotégée par un mari aimant, de 25 ans plus âgé qu'elle. L'enfant unique qu'il était, signifiait ainsi sa névrose d'impuissance et sa phobie de la société, par une provocation jusque là écoutée, afin d'être surprotégé. La rencontre du psychanalyste a permis à l'enfant au cours d'un nombre très restreint d'entretiens de ne plus s'aliéner dans l'identification à ce couple blessé par sa vie difficile.

Il s'agit presque toujours dans la petite enfance — à moins de suites obsessionnelles à des maladies ou à des traumatismes de l'encéphale — de troubles réactionnels à des difficultés parentales, à des troubles de la fratrie ou du climat interrelationnel ambiant. Lorsqu'il s'agit de troubles de la grande enfance ou de l'adolescence, sans perturbations manifestées dans la petite enfance, les troubles peuvent être dus aux seuls conflits dynamiques intrinsèques de l'enfant, face aux exigences de l'entourage social et aux épreuves du complexe d'Œdipe normal, mais il arrive que leurs conséquences provoquent une angoisse réactionnelle chez les parents impuissants à les aider, ou honteux de la crise d'inadaptation de leur enfant à la Société. L'enfant ou le jeune, déjà éprouvé en lui-même, ne trouve plus de sécurité dans son entourage social, ni non plus auprès de ses parents, comme aux temps lointains où le recours à eux dans le danger était suprême ressource de protection. Le petit, même apparemment mal-aimé, s'il a survécu aux premières années n'a pu le faire qu'en recevant aide et assistance, au moins végétatives. Ce « pattern » de régression-recours reste le refuge inconscient de tous les humains (« papa », « maman », « à boire », sont les ultimes appels des mourants aux forces secourables). Devant l'incompréhension de l'entourage, des réactions en chaîne de déceptions mutuelles s'installent, intriquées d'angoisses réciproques, de processus défensifs et de revendications insupportables. L'énergie résiduelle libre se réduit de plus en plus, entraînant l'incapacité d'acquisitions culturelles nouvelles chez le jeune et la perte de confiance en soi. Les comportements dans de tels groupes familiaux — parallèlement à l'impuissance sociale de l'enfant ne sont plus que murs d'enceinte fortifiée, et les paroles échangées que projectiles entre attaqués et attaquants.

L'angoisse et l'isolation, sentiments liés à la culpabilité irrationnelle magique jamais apaisée, entraînent tant qu'il y a instinct de conservation des compensations réactionnelles déculturalisantes. Après les âges dépassés des troubles de la débilité réactionnelle mentale, puis de la débilité psychomotrice, puis de la débilité scolaire, on voit s'installer le tableau tardif clinique des troubles du caractère à incidence sociale extra-familiale. Le dénuement de relations restructurantes entraîne l'apparition des névroses et de la délinquance, au delà, ce sera l'involution psychotique ou la criminalité.

Par les exemples cités, Maud Mannoni nous fait participer aux premiers entretiens concernant des cas cliniques qui illustrent tous les degrés de la perturbation, dus visiblement à la carence d'une présence sensée dans le tout premier âge, à l'absence d'une situation triangulaire socialement saine ou à l'absence d'éclaircissements verbaux aux questions explicites ou implicites de l'enfant, sensibilisé tardivement par un événement traumatique resté incompris et qui l'a laissé hébété totalement ou en partie, pour s'y être perdu faute d'être secouru à temps. Cette enclave émotionnelle confuse, plus ou moins colmatée, l'a laissé fragile à toute épreuve narcissique et, tel un somnanbule qui s'éveille et qui s'effraie de la réalité, chaque événement ultérieur qui l'éprouve, le fait tomber un peu plus dans le désarroi et l'irresponsabilité croissante.

Ce livre fait en effet comprendre comment l'absence chronique de possibilités d'échange vrai au cours de la vie d'un être humain est aussi délabrante, sinon plus, que des traumatismes spécifiés. On peut dire que beaucoup d'êtres humains ont ainsi leur intuition juste « enganguée » d'identifications chaotiques, contradictoires et encombrée d'images perturbées. Ce gauchissement, cette déviation de leur intuition naturelle par des modèles non justement référencés à la fois à la loi naturelle et à la loi édictée, instaure des relations symboliques faussées. Ce sont des adultes gravement névrosés pris pour maîtres et exemples qui apportent le désarroi, ou l'organisation infirme ou perverse dans la structure de l'enfant en croissance. Maud Mannoni en a donné de nombreux exemples.

Quelles sont donc les conditions nécessaires et suffisantes dans l'entourage d'un enfant pour que les conflits inhérents au développement de chaque être humain puissent se résoudre pour lui de façon saine, c'est-à-dire créatrice, pour que se dégage une personne œuvrante et responsable au moment décisif de l'Œdipe et de sa résolution dans le remaniement des affects, des identifications et des désirs incestueux, pour que l'angoisse de castration liée au complexe d'Œdipe aboutisse à l'abandon des fantasmes archaïques ou pervers intra-familiaux et conduise le sujet à son expression dans la vie sociale mixte et la vie culturelle symbolique en acceptant ses lois ?

On peut dire que la seule condition, combien difficile et pourtant nécessaire réside dans le fait que l'enfant n'ait pas remplacé pour un de ses parents une signifiance aberrante, incompatible soit avec la dignité humaine, soit avec son origine génétique.

Pour que cette condition interrelationnelle à l'enfant soit possible, ces adultes doivent avoir assumé leur option sexuelle génitale dans le sens large du terme, émotionnel, affectif et culturel, indépendamment du destin de cet enfant. Cela veut dire que le sens de leur vie est dans leur conjoint, les adultes de leur classe d'âge, leur travail, et non pas dans l'enfant ou les enfants qu'ils ont à charge ; cela veut dire que la pensée ou le souci de cet enfant, le travail fait pour lui, l'amour pour lui ne dominent jamais leur vie émotionnelle, en émois tant positifs que négatifs. Il y a milieu parental sain pour un enfant quand jamais la dépendance majeure de l'adulte à l'égard de cet enfant (qui, lui, au début, n'est que dépendance à l'égard de l'adulte), n'envahit le tableau et ne domine l'importance émotionnelle que cet adulte donne à l'affectivité et à la présence complémentaire d'un autre adulte. S'il est préférable que cet adulte soit le conjoint, dans le contexte actuel de notre société, cette condition n'est absolument pas indispensable à l'équilibre de la structure de l'enfant, l'important c'est que cet adulte, qu'il soit ou non le conjoint légal, soit un compagnon réellement complémentaire, non seulement de vie mais qui focalise réellement les émois de l'autre. Et pourtant il y a des êtres humains qui, de par leur destin ou des accidents arrivés au cours de leur enfance, sont privés de la présence de l'un des parents ou de tous les deux.

Leur développement peut se faire aussi sainement, avec des caractéristiques différentes, mais aussi solidement et sans maladie mentale, ni impuissance, ni névrose, que celui des enfants qui ont une structure familiale intègre.

IV La Prophylaxie mentale de relations familiales pathogènes

Car ce ne sont pas les faits réels vécus par un enfant tels que d'autres pourraient en être le témoin, c'est à la fois l'ensemble des perceptions qu'il en a et la valeur symbolique qui se dégage du sens que prennent ces perceptions pour le narcissisme du sujet. Cette valeur symbolique dépend beaucoup de la rencontre d'une expérience sensible effectivement nouvelle et des paroles justes ou non qui seront prononcées ou non à son propos par les personnes écoutées par lui, ces paroles ou leur manque se conservent et se représenteront à sa mémoire comme représentatives vraies ou fausses de l'expérimenté vécu. L'imposition du silence aux questions et aux dires de l'enfant ou l'absence de dialogue à propos de ces perceptions n'intègrent pas, de droit, au monde humain ce perçu réel par l'enfant, et laissent ces perceptions et celui qui en a ressenti peine ou plaisir dans le mensonge ou dans l'indicible du mutisme cosmique magique. Ceci peut se produire à propos des expériences réelles directes mais aussi à propos des non-expériences réelles, car ce qui est désiré par le sujet peut être, par lui, dans sa vie solitaire et silencieuse, perçu imaginairement, et protégé ainsi de l'incongruité entrevue par lui de toute parole vraie échangée. Mais comme les paroles engendrent des images, il se trouve que lorsqu'un enfant éprouve des désirs et qu'il imagine des fantasmes à leur propos, le fait culturel des paroles-images données en d'autres circonstances par les parents, produit son corollaire, c'est-à-dire que les images solitaires entraînent l'audition virtuelle de paroles parentales, antérieurement entendues à propos d'actes ou de perceptions à même tonalité de plaisir ou de déplaisir. Ainsi se construit et se développe, par l'absence d'échange verbal, un narcissisme sans référence à l'autre actuel mais seulement à un autre virtuel, le « sur-moi » toujours à l'étape antérieure. Outre ce qui se passe dans l'imagination, provoqué par des désirs non-verbalisables ou bien aux verbalisations interdites, il y a aussi ce qui touche le corps et le comportement des personnes, supports de la structure des lois du monde humain, les variations de leur santé psychosomatique dont l'enfant est le témoin sans entendre à leur propos de verbalisations justes !

Chaque fois qu'avant l'âge de la résolution œdipienne (6—7 ans minimum) un des éléments structurants des prémisses de la personne est atteint dans sa dynamique psychosociale (présence ou absence d'un parent à un moment nécessaire, crise dépressive d'un des parents, mort cachée, caractéristiques anti-sociales de son comportement), l'expérience psychanalytique nous montre que l'enfant en est totalement informé inconsciemment et qu'il est induit à assumer le rôle dynamique complémentaire régulateur comme par une sorte d'homéostasie de la dynamique triangulaire père-mère-enfant. C'est cela qui lui est pathogène. Ce rôle pathogène, introduit par la participation à une situation réelle occultée, est surmonté au contraire en partie ou totalement par des paroles vraies qui verbalisent la situation douloureuse qui est la sienne, et qui donnent un sens pour un autre en même temps que pour lui à ce qu'il est en train de vivre. Il en est ainsi des accidents, des morts, des maladies, des crises de colère, d'ivrognerie, des dérèglements de la conduite entraînant l'intervention de la justice, des scènes de ménage, des séparations, des divorces, toutes situations auxquelles l'enfant est mêlé et dont on ne lui permet pas la divulgation ou dont, pire encore, on lui cache la réalité, qu'il subit pourtant, sans lui permettre de s'y reconnaître ni d'y connaître la vérité qu'il perçoit très finement et dont les mots justes, pour traduire son épreuve avec eux partagée, lui manquant, l'induisent à se sentir étrange, objet d'un malaise magique, déshumanisant.

V Substitution des rôles dans la situation triangulaire père-mère-enfant

Toute substitution de la mère au rôle du père est pathogène, soit que la mère décrète le père insuffisant en se mettant à sa place, soit qu'il soit absent, ou qu'elle ne se réfère pas à son désir à lui. En effet, cette substitution voudrait signifier que la mère le juge insuffisant par rapport à quoi, à qui ? La mère, ce faisant, se réfère obligatoirement soit à son propre père, soit à un frère, soit à sa propre homosexualité de désir, soit à d'autres hommes plus valables que celui qui est effectivement le père de l'enfant, hommes idéalisés par elle qui se sent impuissante à les avoir choisis pour compagnons. Toute substitution du père au rôle de la mère, si celle-ci est absente ou réellement dangereuse du fait d'un état maladif actuel, a le même rôle pathogène de déviation de la situation triangulaire s'il n'est pas fait référence à son désir à elle connu de l'enfant. Toute situation où l'enfant sert de prothèse à un de ses parents, géniteurs, frère ou sœur, ou grand-parent du pôle complémentaire, compagnon manquant ou non valorisé, si chaste que soit dans les faits ce compagnonage, est pathogène, surtout s'il n'est pas verbalisé à l'enfant que cette situation est fausse et qu'il peut librement s'y dérober. Chaque fois que se substitue au rôle responsable des géniteurs, impuissants à le remplir, quelqu'autre personne de la fratrie ou de l'ascendance (la grand'mère ou la sœur commise à jouer le rôle de mère, le grand-frère à celui de père) il y a aussi gauchissement, car la situation trinitaire peut exister mais la personne qui supporte l'imago paternelle ou maternelle n'est pas marquée d'une rivalité sexuelle par le rôle réel de conjoint génital à la mère du sujet ou au père du sujet, c'est-à-dire le rival, régularisateur, par l'angoisse de castration, de ses aspirations incestueuses. Toutes ces substitutions, prothèses trompeuses qui pourtant rendent la vie matérielle parfois plus facile, apparemment ou dans l'immédiat, évitant à l'enfant des épreuves de vraie solitude, d'abandon, sont sans danger si le fait de la relation réelle de cette personne-substitut est constamment souligné comme n'étant pas de droit naturel mais d'un prenant place du parent absent, laissant à l'enfant sa libre option naturelle et la liberté d'assumer en confiance ses propres initiatives. Si d'ailleurs, au cours des traitements des enfants et des personnes qui ont été ainsi faussement construites avant 5—7 ans, avec une symbolique faussée, il y a possibilité de les guérir par la psychanalyse, c'est à cause de la vérité du sujet qui peut y surgir, à cause du rôle régulateur de l'expression juste, des sentiments vrais et des affects justes éprouvés au moment de leur reviviscence au cours de la cure, lorsque ces sentiments et ces affects affleurent dans la situation de transfert et sont comme détissés ou dégangués ou désincrustés, pour ainsi dire, de leur chair et de leur cœur, de l'oblitération qu'est l'obligation aliénante de se taire. Des incidents très angoissants pour le patient et parfois pour l'entourage immédiat accompagnent l'imminence de la résurgence d'une vérité, avant que le mot ne vienne l'intégrer dans un langage sensé. Bref, la situation particulière à chaque être humain dans sa relation triangulaire réelle et particulière, si douloureuse qu'elle soit ou ait été, conforme ou non à une norme sociale, est la seule, si elle n'est pas camouflée et truquée dans les paroles, qui soit formatrice d'une personne saine dans sa réalité psychique, dynamique, orientée vers un avenir ouvert. Cette situation triangulaire, le sujet, quel qu'il soit, se construit sur son existence initiale au jour où il la conçoit, sur son inexistence ou sur son existence présentifiées par la suite dans sa petite et grande enfance par ses véritables géniteurs. Elle est dans ce cas symbolisée pour l'enfant par des personnes substitutives sur lesquelles il transfère ses options bipolaires sexuelles. L'être humain ne peut dépasser son enfance pour trouver son unité dynamique et sexuelle de personne sociale responsable qu'en se dégageant par un dire vrai de lui-même à qui peut l'entendre. Ce dire l'établit alors dans sa structure de créature humaine véridique dont l'image spécifique, verticalisée et orientée vers les autres hommes par le symbole d'une face d'homme responsable, la sienne, est référencée au face à face avec ses deux géniteurs particularisés, et par le nom qu'il a reçu à la naissance conformément à la loi, ce nom lié à son existence est, depuis sa conception, porteur d'un sens valoriel unique qui est toujours vivace après toutes ces semblances multiformelles et multipersonnelles, les unes après les autres démystifiées.

VI Le complexe d'Œdipe et sa résolution. Pathogénie ou prophylaxie mentale de ses troubles

Ce livre apporte aussi au lecteur une compréhension des conséquences caractérielles de ce que Freud a génialement découvert et décrit : le complexe d'Œdipe comme étape décisive que chaque être humain traverse après sa prise de conscience claire d'appartenir au genre humain, signifié par son nom, et d'être corporellement porteur apparent d'un seul sexe, que signifie son prénom. Le rôle de la dynamique triangulaire père-mère-enfant, à l'œuvre dès la conception pour l'enfant, subit les conséquences interrelationnelles de la façon dont s'est vécu et résolu l'Œdipe de chacun des parents. C'est en effet à l'intervention du désir de chacun de ses parents à son égard, pour le complémenter ou le contrer, que l'enfant, dans son évolution, dialectise sa structure inconsciente face à la loi de l'interdit de l'inceste et aux gauchissements fréquents que subit son avènement humanisant, face aux comportements régressifs névrotiques ou psychotiques de ses parents, de ses grands-parents ou de ses frères et sœurs aînés.

Le complexe d'Œdipe, dont l'organisation s'installe dès 3 ans avec la certitude de son sexe et se résout (au plus tôt vers 6 ans) avec la résolution et le dégagement du plaisir incestueux, est le carrefour des énergies de l'enfance, à partir duquel s'organisent les avenues de la communication créatrice et de sa fécondité assumable en société.

Bien des gens croient que le complexe d'Œdipe ne regarde que des instincts de sexualité de style primate, le rut à but incestueux, et se révoltent de son universalité. « Un petit garçon dit qu'il veut se marier avec sa maman, une petite fille dit qu'elle veut se marier avec son papa... Ce sont des mots d'enfants, c'est pour rire, ce n'est pas du vrai, ils n'y croient pas ! » Or toutes les études de l'enfance nous montrent que non seulement l'enfant ne parle pas en boutade plaisante mais que c'est grâce à la charnalisation de ce désir, qui ne se sait pas encore incestueux, que les enfants constituent leur corps dans sa totalité.

La rêverie fantasmée du bonheur conjugal et fécond avec son parent complémentaire lui permet d'accéder au parler de l'adulte, au langage pour autrui, à l'identification transitoire nécessaire de son désir à l'image du désir du rival œdipien. Le bonheur attendu de la satisfaction de ce désir peut être un levier d'adaptation fort positif qui est souvent traduit dans les contes de fées, dans les poésies, donc « sublimé » dans la culture. Mais, outre ce côté positif culturel, le désir ardent de possession et de maîtrise de l'objet parental s'exprime dans des sentiments qui provoquent des effets caractériels négatifs d'une violence extrême en famille. Nombre de petites filles et de petits garçons réussissent à faire éclater un foyer, fragile peut-être, mais qui aurait été durable sans la jalousie réactionnelle que la mère a développée à l'égard de son enfant ou le père à l'égard de son fils. Cette dynamique profonde des instincts des enfants qui les pousse à rivaliser avec le parent du même sexe, et à obtenir les faveurs de l'autre se heurte dans les cas de santé affective des parents à un mur, une épreuve : l'inaltérabilité du sentiment et du désir sexuel que les adultes se portent l'un à l'autre. C'est que la loi de l'interdiction de l'inceste n'est pas seulement une loi édictée, c'est une loi interne, endogène à chaque être humain et qui, non respectée, mutile profondément le sujet dans ses forces vives, somatiques ou culturelles (c'est l'image d'une rivière qui retournerait à sa source).

L'enfant grandit avec l'espoir au cœur d'aboutir un jour à la réalisation de son vœu d'amour, l'espoir chevillé au ventre de posséder un jour le parent du sexe complémentaire ; d'en être le seul élu. Cet espoir lui fait donner valeur à son petit monde familial et valeur à long terme, dans l'espoir de porter un jour des enfants de l'être qu'il aime ou de lui en donner, et il faut qu'arrivé à 7 ans, il renonce à tout ce qui l'a fait grandir, à tout ce qui valorisait ses épreuves, qu'il sacrifie, au moins qu'il oublie le plaisir fait à son aimé. S'il n'y renonce pas, il se produit soit un ébranlement considérable soit un blocage massif dans l'évolution de cet enfant, trouble irrémédiable sans une psychanalyse. Soit qu'il triche ou que les parents eux-mêmes trichent, on fait semblant que ses instincts n'existent pas, on va traiter l'enfant comme un animal domestique, lui-même minaude avec ses parents ou les fuit, coupable de s'exprimer gestuellement ou verbalement par des observations ou des jugements pris ailleurs qu'au foyer familial. Instable ou sur-soumis quand il est en famille, il ne se construit pas par rapport à la vie mixte des compagnons de son âge, il ne se construit pas par rapport à son corps, il peut être très fort en thème, très fort en psittacisme scolaire, mais, de toutes façons, c'est, pour son âge, un impuissant sexuel. Sa communication est barrée, son imagination reste celle d'un enfant par rapport à cet amour incestueux inconscient, c'est-à-dire que si l'enfant veut ignorer soit son désir lui-même, soit l'objet de ce désir, soit la loi qui lui en interdit à jamais l'accès, le reste de l'adaptation apparente qu'il peut avoir l'air de conserver n'est qu'une façade fragile. Impuissant sexuel, c'est-à-dire impuissant créatif, la première épreuve de la réalité le voit s'effondrer.

Si la maîtrise consciente de la loi qui régit la paternité et les relations familiales n'est pas acquise, ce qui se voit par l'absence de notion claire des termes qui les signifient, les émois et les actes de ce sujet sont voués à la confusion et sa personne au désordre et à l'échec. Sa morale reste référencée à l'époque prégénitale infantile, où le bien et le mal dépendaient du dicible ou du non-dicible à maman ou papa, du pas vu-pas pris ; le « paraître » pour « plaire » ou « ne pas déplaire » est le seul critère de sa morale. La délinquance est « innocente », irresponsable, car la survivance des désirs incestueux latents justifie les rôles imaginaires où il réussit à faire sa propre loi dans la société. Non-résolus à 7 ans, les conflits œdipiens se réactiveront avec la poussée physiologique pubertaire, provoquant la culpabilité et la honte devant les caractères sexuels secondaires visibles, l'Œdipe réapparaît intense, bouleversant l'équilibre fragile maintenu depuis l'âge de 7 ans. Si l'Œdipe n'est pas vraiment résolu à 13 ans, il y a à prévoir de très graves troubles sociaux à partir de 18 ans, au moment où l'option pour la vie génitale et les émois d'amour devraient fièrement s'assumer et chercher à se socialiser en milieu mixte.

Qu'est-ce donc que cette résolution œdipienne, ce mot que l'on voit toujours dans les écrits psychanalytiques et qu'on donne pour la clef d'une réussite, ou au contraire d'une certaine morbidité psychologique chez les humains ? Il s'agit d'une acceptation de cette loi de l'interdit de l'inceste, d'un renoncement au désir du corps à corps génital avec le géniteur du sexe complémentaire et à la rivalité sexuelle avec celui du même sexe jusque dans la vie imaginaire. Cette acceptation, qui coïncide d'ailleurs avec l'époque de la chute des dents est aussi, de fait, une acceptation du deuil de la vie imaginaire de l'enfance protégée, ignorante, dite innocente ; c'est aussi une éventuelle acceptation de la mort possible des parents, sans culpabilité magique en y pensant. Dans le cas où le couple de parents est équilibré, je veux dire composé de deux individus sains psychologiquement et sexuellement, même et peut-être surtout s'ils n'ont aucune notion consciente de psychologie et de psychanalyse, tout rentre dans l'ordre dans les instincts de l'enfant. Les cauchemars ou les scènes d'opposition caractérielle ou de jalousie d'amour qui traduisent la période critique des 7 ans cessent, il n'y a plus de ces petits symptômes qui marquent la vie de tous les enfants autour de cette période critique. L'enfant se met dans les circonstances favorables à se désintéresser fort poliment, mais nettement, de l'effet qu'il fait sur son père, sur sa mère, à se désintéresser de leur vie intime qui, jusqu'au moment où il en a connu le sens (que sa naissance et celle de frères et sœurs confirme), aiguisait sa curiosité. Il est beaucoup plus sensible aux conditions sociales que sa filiation lui procure, plus occupé à observer ses parents dans leur vie sociale apparente, avec leurs relations, et transpose un peu avec ses camarades choisis leur style de compagnonnage avec leurs amis. Il s'intéresse de plus en plus, qu'il le montre ou non, à la vie des enfants de son âge, à sa scolarité, à des occupations qui lui sont personnelles, et quitte le mode de vie où tout était centré par lui sur le jugement des adultes sur lui, tant à la maison que dans le monde extérieur. Le fait que le complexe d'Œdipe est résolu apparaît d'une façon indirecte lorsque l'enfant devenu facile au foyer, est capable de déplacer la situation émotionnelle trinitaire primitive pour la reporter sur le monde ambiant, à l'école et dans les activités ludiques ; entre des camarades nombreux il peut se faire deux ou trois amis vrais, amitiés encore susceptibles de désillusions éprouvantes. Au contraire, l'enfant qui n'a pas résolu l'Œdipe reste très dominé par l'ambiance émotionnelle de sa relation à la mère ou au père. Avec ses rares camarades le sujet répète des situations à deux ou se querelle dans des situations à plusieurs pour des crises de jalousie de style homosexuel, identique à la jalousie œdipienne encore présente qui le mord au cœur. Un phénomène sociologique de notre époque est remarquable, c'est que, contrairement à l'interdit du cannibalisme qui est consciemment connu de tous, l'interdit de l'inceste dans la fratrie est notionnellement disparu pour beaucoup d'enfants, et j'ai rencontré plusieurs cas où, à 12 ans, l'interdit de l'inceste de l'enfant avec les géniteurs l'était aussi. Les causes sociales en seraient à étudier. Les ravages de cette absence de loi édictée sont considérables car l'intuition du danger psychogène de l'interdit dans nos villes est balayée par des dangers réels de violence ou de chantage venant du parent provocateur pervers, investi de tout pouvoir par l'enfant, et par l'entourage apeuré ou naïf qui condamne la non soumission aveugle au parent abusif pervers. Confirmant l'universalité dans l'inconscient du complexe de castration, la clinique montre, chaque fois qu'il y a ignorance consciente de l'interdit de l'inceste, de graves troubles affectifs et mentaux chez tous les membres de la famille. Encore une fois il ne s'agit pas d'hérédité fatale puisque la psychothérapie psychanalytique, mieux encore une psychanalyse, permettent au sujet, enfin, d'expliciter et de résoudre son Œdipe.

Revenons à cette situation trinitaire père-mère-enfant et à son rôle déterminant dans l'évolution psychologique. Chaque être humain est marqué de la relation réelle qu'il a à son père et à sa mère, de l'à priori symbolique dont il hérite au moment de sa naissance, avant même d'avoir ouvert les yeux. Ainsi tel enfant est attendu comme devant combler les sentiments d'infériorité de son père, resté le petit garçon inconsolé de n'être pas né dans un corps de fille, pondeuse d'une chose vivante à elle, comme il était à sa mère. Telle fille est attendue comme devant aider sa mère à retrouver la situation jumelée de dépendance à sa propre mère, de laquelle elle s'est dégagée avec beaucoup de difficultés, et à combler la détresse d'abandon qu'elle éprouve avec un mari qui lui reste étranger. Cet enfant nécessaire à son père, nécessaire à sa mère, est déjà entamé, si je puis dire, au point de vue symbolique, dans sa puissance de développement. Bref, chaque enfant est marqué par cette situation réelle. Mais, dira-t-on, il y a des enfants qui n'ont pas de père, du moins qui ne le connaissent pas, eh bien si cette situation est la leur, c'est *à partir de* cette situation qu'ils vont se construire, à condition que les mots qui leur sont dits par l'entourage soient les mots justes concernant cette absence de représentant, vivant à leurs côtés, de la personne paternelle ou de la personne maternelle. Parmi les exemples donnés par Maud Mannoni et parmi beaucoup d'autres auxquels je pense, le rôle déstructurant ou inhibiteur de développement ne tient pas à l'absence des parents (cette absence est toujours douloureuse — mais leur présence aussi peut l'être —, en tout cas toute douleur peut être saine quand, la sachant reconnue, l'enfant peut structurer ses défenses compensatrices). Tous les mots névrosants viennent des mensonges qui empêchent les faits réels de porter les fruits de l'acceptation, à partir de la situation réelle.

Chaque être humain possède, du fait même de son existence incarnée, une image de l'homme et de la femme complémentaires ; cette image, il la plaque sur les parents qui l'élèvent et c'est à cause de ce prêt imaginaire à des personnes réelles qu'il va se développer en s'identifiant à elles selon les possibilités de son patrimoine génétique.

Elles sont à la fois porteuses de son aspiration imaginaire soit identifiante si c'est le parent du même sexe, soit complémentaire si c'est le parent de l'autre sexe ; or les émois concernant cette image, qui ne peuvent pas être exprimés à la personne réelle porteuse de cette image, gauchiront l'image personnelle et intuitive du sujet et l'on peut arriver à ces situations paradoxales d'un enfant qui se construit d'une manière invertie, ou totalement neutre, refoulant hystériquement sa vitalité génitale, par exemple quand l'image paternelle est portée par la mère, l'imago maternelle portée par la personne du père.

Ce qui est important ce n'est pas cela ; ce qui est

important c'est que les mots qui correspondent à l'expérience de l'enfant sont rarement prononcés par son entourage, témoin comme lui de cette situation. La critique qu'il pourrait en faire autour de ses 10 ans lui devient impossible et il vit, se construit à son insu de façon chaotique, se charnalisant dans la période pré-œdipienne d'une façon qui prépare, au moment du désinvestissement relatif libidinal de 7 ans, une période de latence neutre, de pseudo-castration qui, sans psychanalyse, le conduira à chercher à la puberté une fixation à une option de complément ultérieure extra-familiale dans un style soit inverti soit indécis, à des personnes qui ne seront pas du tout complémentaires de sa véritable nature génitale restée confuse. Il risque fort de choisir des personnes qui, à l'image de celles qui l'ont élevé, sont chaotiquement polarisées et surtout partiellement génitalisées seulement. Ce sont de tels enfants qui deviennent des parents abusifs, car leur Œdipe mal fait les a laissés assoiffés d'une libido aux pulsions non-différenciées qui vont reprendre en couplage-gémellage artificiel à leur enfant, ou en réactivation d'Œdipe, c'est-à-dire qu'ils vont se montrer jaloux de l'attachement de leur enfant à leur conjoint au point d'en faire des symptômes graves. L'enfant a besoin à ce moment-là de la solidité du couple parental pour que ses fantasmes de triomphe œdipien échouent devant la réalité, sinon il court le risque de tomber plus gravement malade que ne l'était père ou mère.

Relisez ces observations entre les lignes et vous entendrez : « Mon mari n'a rien d'un homme ni d'un père, il faut bien que je sois tout » ou « Ah! j'aurais tant aimé que mon fils ressemble à mon père » ou « qu'il ne soit pas les fils de son père » ou bien « Sans ma sœur je ne peux vivre », « Je veux que ma fille soit comme ma sœur, elle doit me la remplacer » ou encore « Moi qui ai remplacé un petit frère mort-né avant moi, et dont je porte le nom, je ne peux pas savoir prendre sa place, je ne sais jamais quoi dire ni quoi faire. L'ai-je tué ? Qui est né ? Qui suis je ? Un demi-mort, j'ai des demi-droits » ou encore «Ce fils je n'en veux pas, je revois en lui mon frère abhorré ». Une autre : « Maman est si malheureuse avec papa qu'il faut bien que je reste son bébé pour la consoler, son bébé du temps qu'elle et papa s'aimaient, et puis elle a tant besoin de se dévouer... il faut bien que je sois malade sinon pour qui resterait-elle à la maison... et puis comme ça c'est moi son presque-mari, c'est moi qu'elle aime et moi je ne veux personne entre maman et moi ». Chaque cas pathologique est le mime d'un discours non verbalisé qui signifie l'affirmation ou l'annulation de la dynamique du sujet pour qui l'on a été appelé à consulter. Les découvertes cliniques psychanalytiques imposent la compréhension dynamique des troubles des enfants par l'analyse des difficultés en chaîne remontant aux carences, dans la structuration œdipienne, non pas des parents, mais des grands-parents et parfois des arrière-grands-parents. Il ne s'agit pas d'hérédité (sinon une psychanalyse ne modifierait pas les choses) mais d'une névrose familiale (en ôtant à ce terme tout sens péjoratif d'ailleurs, pour ne lui garder que son sens dynamique). Il s'agit d'immaturité libidinale, de refoulements ou de perversions sexuelles par carence en chaîne, dans les résolutions œdipiennes non-faites.

Ce livre peut-il apporter à ses lecteurs des inquiétudes nouvelles, en leur faisant voir des processus là où ils pensaient à un destin fatal ? Ce n'est pas impossible et ce serait regrettable car, hélas, les inquiétudes sur soi-même entraînent rapidement le sentiment de culpabilité et la recherche de recettes rapides à tout faire pour modifier les apparences. Beaucoup de familles vivent dans un état de symbiose morbide. Sans la psychanalyse du membre inducteur dominant, la névrose familiale n'est pas modifiable. Or la psychanalyse est souvent encore inaccessible (temps, lieu, argent). On peut craindre que des livres qui s'adressent à tous n'éveillent des réactions imprévues. C'est toujours l'écueil à craindre quand on parle de psychanalyse, et pourtant il est nécessaire que le public s'éveille à ces problèmes. Parmi les exemples cités, tel père jaloux ou indifférent, telle mère rejetante ou despotique, tel couple morbide prisonnier d'un non sens, tel ancêtre au rôle trop respecté, abusif et pervertissant, vont peut-être reconnaître leur portrait et souffrir inutilement d'une situation de fait à laquelle ils n'avaient pas réfléchi. Ils vont peut-être se sentir coupables alors qu'ils ne sont, eux aussi, que des responsables occasionnels, de même que le conducteur d'une voiture déviée dans sa course par une crevaison ou par le choc d'un autre véhicule peut provoquer des accidents. « Les parents ont mangé les raisins verts et les enfants en eurent les dents agacées ». Cette phrase illustre presque toutes les histoires cliniques de ce livre.

Cette phrase doit s'entendre d'ailleurs, non pas « c'est la faute des parents », ou de celui-ci, ou de celui-là, mais dans le sens véridique, qui est que les parents et les jeunes enfants sont participants dynamiquement, indissociés par leurs résonances libidinales inconscientes.

L'apprentissage de la liberté en famille et l'usage à en faire est un long et solitaire exercice de courage. Les adultes sont eux-mêmes, plus souvent qu'on ne croit, induits encore à l'âge adulte en direction, en contradiction ou en relation complémentaire (imaginaire ou réelle) par leur fixation et leur dépendance à l'égard de la génération antérieure, à leurs propres parents. Il n'y a pas faute, il y a fait.

La psychanalyse nous enseigne que tout acte, même néfaste, est solidaire d'un ensemble vivant et que, même regrettable, un acte ou un comportement peut servir de façon positive pour qui sait en tirer expérience. Hélas, en chacun de nous le sentiment de culpabilité est fondamental, entraînant les inhibitions et barrant l'accès au seul acte libérateur, l'accès à une parole vraie à qui est capable de l'entendre. Puisse le livre de Maud Mannoni en avoir apporté un témoignage rassérénant.

VII La société (l'école).
Son rôle pathogène ou prophylactique

Qu'il me soit permis de souhaiter que les psychanalystes praticiens n'aient à soigner que des cas relevant en effet des désordres profonds de la vie symbolique qui, eux, datent d'avant 4 ans et non de ces difficultés réactionnelles saines à la vie scolaire actuellement effectivement pathogène. Je veux parler des réactions ou crises caractérielles saines d'un sujet occupé à résoudre des difficultés réelles nécessaires dans sa vie émotionnelle personnelle et familiale et qui, momentanément, n'est pas intéressé à son rôle d'élève. Le drame pour les enfants, en notre pays et dans son système, provient du style d'instruction passive, aux horaires et programmes obsédants et qui ne laisse point à chacun une marge d'accès à la culture. Les leçons et les devoirs, on l'oublie trop souvent, sont des moyens mais non des fins en soi.

Combien d'adultes, valables et créatifs, n'ont-ils pas connu des périodes, au cours de leur enfance, où leur scolarité ne les intéressait nullement, alors que leur esprit en éveil suivait momentanément un autre chemin qui, pour leur créativité leur devenir social signifiait que leur liberté s'engageait déjà. Combien de troubles graves du caractère seraient évités si l'apprentissage des signes permettant la communication culturelle, lecture, écriture, puis celui des combinaisons arithmétiques ne venaient qu'après la conquête et l'épanouissement du langage véhiculaire parlé et de la motricité ludique libre, totalement maîtrisée. Les fourches caudines des passages en classe supérieure basés sur des connaissances apprises et sur un âge officiel interférant l'un avec l'autre sont les plus absurdes conditions de vie imposées à l'expression de soi, or celle-ci, chaque être humain l'approuve comme une exigence vitale. Que d'énergies étouffées ou gâchées en pure perte et qui pourraient être laissées à leur jeu libre, avec un système scolaire qui confirmerait au lieu de l'infirmer, le libre accès aux initiatives et aux curiosités intelligentes des futurs citoyens, qui les formeraient à une maîtrise pour eux-mêmes, à chaque instant chargée de sens, de leurs capacités, à une mise en ordre par et pour eux-mêmes de connaissances et de techniques acquises par désir, et non par obligation ou par soumission perverse à la peur des sanctions et à des impératifs impersonnels.

Je demande que les jeunes Français ne soient plus les esclaves de programmes impersonnels imposés et artificiellement parallèles : tel niveau pour le calcul correspondant à tel niveau pour la grammaire. Je demande que l'enseignement de la grammaire française ne vienne pas avant l'usage parfaitement acquis de la langue dans l'expression personnelle. Que l'enfant ne voie pas toujours son rythme d'intérêt contré à cause des limitations du temps consacré à telle discipline ou telle matière d'enseignement. Où en est maintenant l'ouverture à la musique, à la danse, à la sculpture, à la peinture, à la poésie ; où l'initiation à l'adresse et à l'harmonie des expressions corporelles créatives ? La gymnastique aussi est programmée et le déroulement des mouvements obéit à des impératifs de performances chiffrées; où est l'ouverture au sens des arts plastiques, où se place même l'ouverture au sens esthétique de l'expression graphique ou verbale, où sont les causeries en commun où chacun parle, écouté par le groupe, de ce qui l'intéresse en intéressant les autres et en y prenant conscience de son insertion sociale personnelle ? Dans combien de classes, si les enfants étaient autorisés à sortir à leur guise, resteraient-ils assis une heure à se taire et à écouter ou à faire semblant ? C'est là où se fausse le sens de la vérité du sujet en société, et où les énergies formidables qu'un enfant peut développer pour sa culture et son instruction, si ses motivations l'animent, sont pratiquement étouffées, au nom du bien des autres, pour être théoriquement dirigées, alors que rien n'entretient la source des motivations, ni l'originalité du sujet à la recherche de sa joie. Le désir ne se commande pas. Ce qui est grave c'est que si les enfants d'aujourd'hui acceptent de moins en moins ce mensonge mutilateur de leurs forces vives et vont grossir les rangs de dyslexiques, dyscalculiques et retardés scolaires, ce sont alors les parents qui, par angoisse de « l'avenir », veulent imposer la lèpre des devoirs forcés, des leçons ingurgitées, se parent des bonnes places de l'enfant, se dépriment de ses mauvaises notes.

Devant les carnets à signer, tous les samedis, on se dirait au tiercé ! Ce désir des parents, imposé au nom de la société (l'école c'est la société, l'au-delà du familial œdipien), empêche le dégagement instinctuel des parents à l'égard de leurs enfants, et réciproquement, aggravant ainsi le tarissement à la source des possibilités culturelles vraies. Pourquoi notre système d'initiation du citoyen à la culture et à la vie sociale, je veux dire notre système scolaire, obéit-il à des méthodes et à des impératifs totalement étrangers à l'hygiène affective et mentale des êtres humains ? Pourquoi des enfants arrivant sains de corps et d'esprit — il y en a beaucoup — à l'âge de trois ans à la maternelle sont-ils si souvent traumatisés et si souvent appauvris de la spontanéité créatrice qui est l'essentiel de l'être humain, pour se voir déguisés en robots disciplinés et tristes, apeurés devant les enseignants qui devraient être à leur service ? [1]

Pourquoi, encore gais et communicatifs à six ans (il y en a beaucoup), la « classe » doit-elle les obliger à se taire, à rester assis immobiles comme des choses ou comme des animaux dressés, et surtout leur enseigner de force, au nom d'un programme, ce qu'ils n'ont pas encore eu envie de connaître, la lecture, l'écriture, le calcul ? Pourquoi doivent-ils solliciter d'un adulte l'autorisation de s'isoler, de s'absenter pour satisfaire des besoins naturels dont nous savons très bien qu'ils les temporiseraient d'eux-mêmes si l'occupation à laquelle ils s'emploient en classe les intéressait ? Pourquoi le sentiment de la valeur intangible de la personne humaine là présente, originale et libre, en chaque enfant, respecté en lui-même indépendamment de son appartenance familiale, n'est-il pas le mobile des moindres attitudes du maître à l'égard de chacun, et, par l'exemple ainsi donné, inculqué à tous ?

Pourquoi l'école n'est-elle pas pour tous les enfants le lieu de joie et le refuge où il trouve le repos des tensions familiales, la confiance en lui, un milieu social

1. Ces réflexions sur l'enseignement dont le propos déborde largement l'étude de Maud Mannoni, expriment l'opinion personnelle de Françoise Dolto. Cette opinion ne sera sans doute pas partagée par tous les éducateurs, mais les convictions sur lesquelles elle repose méritent certainement qu'on y réfléchisse.
C. A.

vivant, une occupation attrayante. Avec ou sans parents perturbés, à partir de 7 ans, la place de l'enfant n'est plus en famille mais dans la société, à l'école, place non-privilégiée mais respectée du seul fait qu'il est un citoyen. Chacun des responsables de l'administration de l'école devrait être au service de chaque enfant et chaque enfant le sentir, si l'on veut qu'ensuite il désire librement prendre à son tour sa juste place créatrice, selon ses capacités, dans la société.

Que voit-on ? Non pas des enfants accueillis à l'école mais des enfants soumis aux rouages anonymes d'une machine administrative. La discipline fait, dit-on, la force des armées, car chacun doit y être irresponsable de la mort qu'il doit donner, médiateur anonyme qu'il est de l'instinct de défense d'un groupe national, soumis à une hiérarchie de commandement, aliéné par contrat dans son chef, afin que puisse être préservée en chacun la hiérarchie structurée pour donner la vie et non pour la prendre.

Mais la discipline à l'école ne peut venir que de chaque enfant et du fait seul qu'il focalise mieux ses désirs sur ce qu'il brigue lui-même d'apprendre, et seulement dans ce cas. Toute discipline pour elle-même est absurde, quant à la discipline imposée par un chef pour ne pas gêner l'activité des autres, elle instaure la passivité stérile au rang de valeur. Il n'y a qu'à voir comment un enfant peut s'abstraire et jouer seul à quelque chose qui le captive au milieu du plus grand désordre et du plus grand bruit pour s'apercevoir tout de suite que ces « autres » à protéger peuvent, avec fruit, être enseignés à s'abstraire à l'école aussi bien que dans leurs jeux. Ceux qui ne trouvent pas encore à focaliser leurs intérêts en classe n'en seraient pas à jamais détournés comme ils le sont par une discipline mortifère. En effet, la scolarisation obligatoire, géniale ordonnance qui pourrait, pour tout enfant sain, à partir de 3 ans, le conserver créatif et le dégager de ses épreuves œdipiennes en soutenant ses capacités de sublimation au jour le jour, en soutenant ses échanges avec le groupe et son accès à la culture, cette scolarisation obligatoire est devenue une entreprise de dérythmage, de compétition exhibitionniste de mutilés bien ou mal compensés. L'adaptation scolaire est maintenant, à part de très rares exceptions, il faut le dire, un symptôme majeur de névrose. Cela ne veut pas dire que l'inadaptation soit à elle seule un signe de santé, mais c'est parmi les enfants et les jeunes qui se rangent sous cette appellation qu'on rencontre hélas, les citoyens actuels valables. Le resteront-ils longtemps si l'ouverture à la culture ne leur est pas offerte par la société des adultes ?

Les instincts sainement humains des jeunes, dégagés d'eux-mêmes de l'obédience parentale dépassée, et détournés de l'enthousiasme à accéder à la culture ne peuvent que les engager dans un grégarisme pulsionnel hors cadres. Comment assurer la relève des anciens, qui, ne les respectant pas, leur inculquent l'irrespect d'eux-mêmes et de leur image future ? Dans les milieux aisés, le pouvoir d'achat dévolu par les parents permet l'accès aux distractions plus ou moins coûteuses dont beaucoup prennent valeur culturelle, fort heureusement. Dans les milieux intellectuels, les valeurs culturelles que représentent les échanges extra-scolaires avec l'entourage servent encore de compensation, sauf dans les cas de névrose parentale — à la carence culturelle scolaire. Mais dans les milieux de travailleurs manuels, de commerçants, de fonctionnaires, que peuvent faire de leurs énergies en jachère des garçons et des filles jusqu'à 16 ans obligés par la loi à une scolarité pour eux sans intérêt, en marge des échanges qui les valoriseraient ? Comment s'intégrer à une société qui leur fait reproche ouvertement de n'avoir pas aimé les bancs de l'école, les connaissances livresques, les palabres impersonnels de leurs maîtres, la discipline passive et les jeux sans risques ?

S'il peut m'être permis de parler ainsi dans une préface à un livre si remarquable qui souligne et illustre le rôle du psychanalyste, c'est que notre pratique nous convie à constater journellement des effets névrosants de la vie scolaire sur des enfants qui ont eu une structure personnelle en famille saine et un Œdipe sainement vécu. Les assises de leur vie symbolique sont ordonnées, et c'est leur créativité de garçons ou de filles arrivés au stade de la vie sociale qui ne trouve pas à s'employer, avec les désordres secondaires provoqués par l'école, qui les amènent aux psychanalystes, désordres graves parfois, à cause de l'angoisse réactionnelle de leurs parents.

Si je jette ce cri d'alarme, c'est que je suis convaincue du pouvoir émotionnel de la vie de groupe en milieu culturel, quand le groupe répond effectivement au désir de créativité et de fécondité symbolique dans les échanges inter-humains dont un enfant est capable à partir de 7 ans, alors que la structure de sa personne est achevée dans le milieu parental. Je suis convaincue aussi, et j'en ai eu des preuves dans certains cas privilégiés, du pouvoir réparateur que pourrait avoir dans de nombreux cas la vie de groupe de 2 ans ½ à 7 ans pour l'enfant soumis en famille à des influences morbides parentales, et cela sans qu'il ait à quitter son milieu initial. Mais pour cela il faudrait que l'école dite maternelle réponde à son appellation et serve de prothèse aux imagos saines des enfants qui — en famille — ne trouvent que des supports carencés.

Il est inadmissible que des enfants de 2 ans ½ que leurs mères ne peuvent par ailleurs mettre au contact journalier d'autres enfants hors de la famille, ne soient pas admis au groupe social scolaire parce qu'ils sont trop jeunes ou parce que, quel que soit leur âge, ils n'ont pas acquis la maîtrise sphinctérienne alors que l'état de jachère de maîtrise corporelle à cet âge est le signe patent de relations perturbées de l'enfant à sa mère en milieu familial. Il est inadmissible que des enfants qui ne parlent pas à 3 ans, ou n'entendent pas, se voient refuser la libre entrée en groupe scolaire courant avant l'âge de l'instruction, qui en effet nécessitera des méthodes particulières. Il est inadmissible que tout enfant doive être soumis à l'instruction des signes à partir de 6 ans, quand il n'en a encore ni les moyens ni l'envie. Il est inadmissible que des classes dites de perfectionnement, avec des méthodes individualisées, ne puissent admettre que les inadaptés à l'instruction avant l'âge de 8 ans, alors que deux des plus importantes années ont été perdues pour le développement verbal et psychomoteur, et que le sentiment d'être inintégré au groupe a raviné le cœur de cet enfant, souvent plus sensible et plus vulnérable que l'enfant dit « intelligent ». L'acquisition de son autonomie devient impossible à l'enfant concassé dans les rouages de l'école et face au couple de ses parents. Le dégagement libidinal de la dépendance aux adultes, qui stimule l'attirance des enfants vers la société, est entravé, car les maîtres se confondent avec les parents. Leur plaire, ne pas leur déplaire, réussir pour eux et non pour soi — qu'ils le sachent ou non — et sans motivation personnelle, est inculquée perversement aux jeunes avant et pendant l'adolescence.

L'intérêt partagé avec parents et maîtres pour une discipline culturelle et l'enthousiasme en commun pour les lettres, les maths, les sciences n'a pas de place dans des horaires déments, c'est le conformisme psittacique efficient, moyen pervers de promotion sociale qui est proposé à tous. Il ne suffit pas de vacciner contre les maladies du corps, il faut penser à vacciner l'enfant contre le désespoir et la solitaire détresse, au lieu de l'y laisser s'enfoncer dans les sables mouvants de ses instincts à l'abandon.

Si le rôle du psychanalyste est de permettre à un sujet névrosé ou malade mental de trouver son sens, son rôle est aussi de pousser un cri d'alarme devant la carence publique éducationnelle, les méthodes et institutions scolaires souvent pathogènes, face aux carences et au rôle pathogène individuels de bien des parents du monde dit civilisé. La civilisation est un état qui ne se maintient que par la valeur de chacun de ses membres et par l'échange créatif entre eux. Il n'est pas nécessaire que la civilisation se paie de psychoses et de névroses dévastatrices de plus en plus précoces.

Un immense travail de prophylaxie mentale doit s'organiser et ce n'est pas le rôle des psychanalystes praticiens ; mais ce travail ne peut pas s'organiser sans l'éclairage nouveau qu'apporte la psychanalyse au monde civilisé. Que pourrait-on faire à partir de l'âge conquis (pas avant 7 ans, et variable pour chacun) de la possibilité d'accès à la culture, pour ouvrir la voie à l'expression authentique des désirs des enfants dès la fréquentation scolaire, leur permettre d'acquérir la conscience de leur valeur personnelle, inséparable de la valeur d'appartenance à un groupe tout entier, leur permettre de s'exprimer, d'échanger avec leurs semblables leurs désirs, leurs projets d'apprentissage, d'exposer leurs jugements sur leur école, leurs maîtres, leurs proches, leurs parents et de s'autonomiser dans l'accès à l'instruction personnellement motivée ? Une expression assumée en confiance dans des entretiens libres entraîne avec elle une conscience de soi et de l'autre.

Pourquoi chaque école n'aurait-elle pas un ou plusieurs psychologues, sans aucun pouvoir exécutif ni législatif, au service exclusif des entretiens libres demandés par les élèves eux-mêmes, désireux d'exprimer leurs espoirs, leurs épreuves, leurs doutes et sûrs de se sentir entendus, compris et soutenus, sans angoisse chez leur interlocuteur et sans complicité non plus, pour chercher eux-mêmes la solution de leurs difficultés ?

Il manque aussi à l'école, pour compenser la carence éducatrice de l'exemple reçu en famille, l'instruction formatrice sociale.

Je veux dire que les enfants civilisés n'entendent jamais de la bouche de leur maître, et jamais si leurs parents ne la leur ont pas dite, faute de la savoir ou de juger bon de la leur dire, la formulation des lois naturelles qui régissent l'espèce humaine : les lois de la paternité et de la maternité légales, les lois régissant les instincts naturels et leur commerce en société, l'interdiction du cannibalisme, du vol, du meurtre, du viol et de l'adultère. Or ils baignent dans une société où, à part le cannibalisme, tous ces comportements délinquants sont proposés à leur observation.

Personne ne leur dit la loi, les droits et les devoirs que leurs parents ont à leur égard ni ceux qu'ils ont à l'égard d'eux-mêmes et de leurs parents. Si l'on questionne n'importe quel enfant de 12 ans on s'aperçoit qu'il se croit démuni de droits civiques et qu'il est à la merci de tous les chantages à l'amour ou à l'abandon, alors que le législateur a formulé non seulement une déclaration des droits de l'Homme mais aussi une déclaration des droits de l'Enfant. Combien d'enfants savent-ils le recours qu'ils peuvent légalement demander à la loi, face à des parents absurdes ou abusant de leurs droits en mauvais maîtres ? Il y a là tout un champ qui paraît révolutionnaire et qui l'est en effet, mais qu'impose l'aggravation des troubles de l'adaptation sociale précoce et le sentiment poignant, chez ceux qui sont soumis aux impératifs légaux d'une vie scolaire absurde, loin des réalités qui, pour un citoyen de 7 à 15 ans valent la peine d'y consacrer son temps et son courage, d'y sacrifier son génie créatif d'enfant des hommes, des pauvres hommes dits civilisés qui ne savent pas respecter la vie qu'ils engendrent, ne savent pas ouvrir les voies de l'accès à la vérité aux générations qui leur survivront.

Puisse ce livre de Maud Mannoni éveiller le lecteur à ces graves problèmes !

Françoise Dolto

AVANT-PROPOS

J'apporte ici des notes brèves prises à l'issue de la *première consultation.*

Elles résument, dans leur sécheresse même, une *situation.*

Qui donc sont ces enfants dont les parents viennent consulter pour des troubles allant de difficultés scolaires banales jusqu'à des manifestations psychotiques caractérisées ?

Enfants difficiles, enfants aliénés, enfants en danger moral, enfants rebelles à tout traitement médical, qui donc êtes-vous, qui sont vos parents ?

Lecteur, suivez-moi, ce monde est aussi le vôtre.

L'entrée des parents avec l'enfant dans le cabinet du psychanalyste est généralement le signe qu'un recours au tiers est recherché. Témoin à charge, confident, conseiller, le psychanalyste est également ressenti comme juge, persécuteur, ou sauveur suprême. Il est celui à qui on s'adresse après des échecs, des déboires, des illusions perdues, celui à qui on veut s'accrocher, mais aussi celui dont on veut se servir pour attiser des querelles personnelles. Il est avant tout le tiers, on souhaite qu'il prenne parti.

La tâche de l'analyste est de ne pas se laisser emprisonner dans ces limites. Par sa présence, il va aider un sujet à articuler sa demande, à se constituer dans sa parole par rapport à son histoire, pour dégager enfin à travers un certain cheminement, un message auquel un sens pourra être donné. L'analyste ne cherche pas tant à donner la signification de tel ou tel trouble, qu'à confronter la prise de position du sujet à travers son monde fantasmatique à un système qui est de l'ordre du signifiant.

Le langage dessine un système où les mots prennent une place dans un certain ordre. Il en va de même pour la notion de parenté, le sujet se situe dans une lignée, la place qu'il y occupe suppose un certain rapport aux différents termes de ce système. L'un de ces termes, le signifiant Père, y prend une certaine importance qui va se révéler dans le discours du sujet. Le mot Père y revêtira un sens en rapport, par exemple avec l'acceptation ou le refus d'un ordre établi et rigide, et qui est commandé par le sens que ce terme a déjà pris chez la mère. C'est en fonction d'accidents dans ce registre, que vont se déclencher les formes de névroses ou de psychoses.

Tout sujet se trouve donc inscrit dans une lignée, suivant certaines lois. L'analyse nous montre que son rapport à ces lois prend une signification non seulement dans son développement, mais dans le type de rapport qu'il va établir ensuite avec autrui.

C'est à Jacques Lacan que revient le mérite d'avoir dégagé ces repères essentiels de la topologie freudienne. Il nous a permis ainsi d'entrer d'une façon orientée dans l'univers du malade. Je me suis servie de ces repères dans mon écoute psychanalytique. Si je mets en relief la position de tout sujet à l'égard de l'image paternelle et de la Loi, ce n'est pas dans un contexte normatif et idéologique, c'est, rappelons-le, parce que le signifiant paternel, face à d'autres signifiants, occupe une certaine place dans l'inconscient du sujet, les désordres se révélant dans ce qui nous est signifié au niveau du discours. Si la mère peut paraître, à travers ces lignes, comme le seul support de toutes les fautes et de tous les crimes, il faut veiller à ne pas prendre à la lettre, au niveau du réel, ce que j'essaye souvent maladroitement de dégager comme accidents dans une topologie abstraite. Que nous le voulions ou non, nous sommes inscrits dans un certain système de parenté. L'histoire de chacun est fonction de la manière dont il y réagit.

L'enfant que l'on m'amène, est, lui aussi, situé dans une famille, il porte le poids de l'histoire de chacun de ses parents.

Si, dans les romans roses, toute fin heureuse s'accomplit dans le mariage et la venue de nombreux enfants, dans la vie, l'issue est parfois moins optimiste : c'est une nouvelle entrée dans un système, avec ses lois, ses liens, ses obligations. La venue d'un enfant pose une question à l'un et l'autre parent ; ainsi, avant même sa naissance, un certain destin se dessine déjà pour lui.

Sa première relation, c'est avec la mère qu'il l'établit, elle est pour lui ce premier Autre, dans lequel son propre discours va trouver un sens. Cette relation est fondamentale, elle occupe une place définie dans un système où le père apparaît, dans ce jeu d'échecs, à une place non moins déterminée. La suite de l'histoire nous est donnée par le cheminement des pions, leur situation l'un à l'égard de l'autre.

Les femmes me reprochent parfois de les réduire dans mes écrits à un rôle d'esclave soumise à la Loi du maître. Tous, qui que nous soyons, nous sommes pris dans un certain engrenage. Pour que la mécanique marche, chacun doit se trouver à une certaine place. L'être humain se forme à travers des révoltes, des illusions perdues, des aspirations désespérées. Il est en mouvement à l'intérieur d'un système préexistant à sa naissance. Il se heurte dans la vie aux rouages politiques, aux exigences du travail, aux règles juridiques et sociales.

— Il n'y a pas de place, dans ce que vous dites, me reproche-t-on, pour la femme émancipée. Elle est toujours asservie.

— Y en a-t-il une pour l'homme émancipé ? N'est-il pas, lui aussi, toujours asservi à quelqu'un ou à quelque chose, ou en danger de l'être ?

Le sens même de chacun, n'est-il pas de pouvoir se retrouver dans une possibilité de création, avec ses déboires, ses luttes, ses désillusions ? Et dans toute création, même la plus réussie, dans tout dépassement, même le plus heureux, n'y a-t-il pas toujours une part de soi-même qui se sent prise dans un mirage, éternellement en quête d'un bonheur toujours fuyant ? C'est quoi au juste, le bonheur, l'amour et la maternité ?

L'être humain se constitue à travers ces questions et leur support d'espoirs et de désespoirs. Il n'est pas toujours commode d'y voir clair. Les pages qui vont suivre décrivent, disais-je, une *situation*. Nous verrons ensuite comment en dégager un sens pour que le sujet arrive à se signifier par rapport à elle et à lui-même.

Je vais selon une méthode d'exposition peut-être discutable dégager une certaine dimension psychanalytique à travers 30 cas de première consultation.

L'étude se fait à deux niveaux différents : dans le premier chapitre j'expose une situation, dans le second j'essaye, à partir de ces données, d'en dégager un *sens*. Le lecteur se trouve devant le plan suivant :

C'est à partir de l'appréhension psychanalytique de ce qui se passe dans une première consultation, que seront discutés ensuite des problèmes d'actualité : les tests, le problème scolaire, pour nous poser enfin la question : que se passe-t-il au cours de ce premier rendez-vous avec le psychanalyste, qu'est-ce qui est en jeu lors de ce premier entretien ?

CHAPITRE I

LA SITUATION

I LES DÉSORDRES SCOLAIRES

Un pourcentage élevé de consultations est motivé apparemment par « des troubles scolaires ».

S'il existe des difficultés scolaires d'origine purement pédagogique — il n'en reste pas moins, que ce symtôme recouvre presque toujours *autre chose*. C'est en ne prenant pas à la lettre la demande des parents, que le psychanalyste permettra que la porte s'entr'ouvre sur le champ de la névrose familiale, masquée, figée dans le symptôme dont l'enfant devient le support.

L'interrogatoire des parents, l'entrevue avec l'enfant, visent essentiellement, dans un premier temps, à une mise en question du diagnostic élaboré et apporté par la famille.

Chaque fois, la même question s'impose à moi : Qu'y a-t-il donc, de non communicable en mots, qui se fige dans un symptôme ? C'est à cette recherche que je convie le lecteur. Je n'en tire aucune conclusion, je pose un problème.

Cas I

Madame Bernardin[1] vient me consulter pour son fils, 11 ans, incapable de suivre une classe de 8ème. L'enfant a des difficultés, spécialement en calcul. « Dire, ajoute la mère, que j'ai un frère ingénieur et que j'ai un enfant comme ça.»

Depuis l'âge de 4 ans, François est l'objet de consultations médicales. La mère cherche à savoir s'il pourra (comme son frère à elle) être apte aux Grandes Écoles.

Orpheline de père à l'âge de 14 ans, Mme Bernardin s'est sentie dans sa propre enfance en position d'infériorité par rapport à ses camarades. De santé fragile, elle avait convenu avec sa mère que les études seraient nocives pour elle. Elles étaient réservées au frère. Toute jeune, elle s'est vue assigner la place de « fille au foyer ». « Dès l'âge de 14 ans, j'étais la femme au foyer pendant que maman travaillait et que mon frère était aux études. »

Elle se marie tard et reste au foyer maternel, sans autre occupation que les soins qu'elle donne à son enfant. Sa mère, ayant cessé toute activité professionnelle, entend diriger seule le ménage.

Qui est le père de François ? « Le modèle de la vertu, me dit la mère, il aurait fait un bon curé timide. »

Le seul élément viril apparaissant en toile de fond, c'est bien cette grand'mère, dont la mère ne va parler qu'à la faveur de lapsus, d'oublis.

1. Les noms de famille sont évidemment fictifs.

« J'ai été élevée dans une très bonne ambiance nocive. » — « J'ai ajouté ce mot parce que ça sonne bien avec ambiance, ajoute-t-elle, ça n'a pas de sens puisque tout était parfait. »

En fait, l'ombre de la grand'mère plane sur le couple qui se trouve dépossédé de toute autonomie propre. L'enfant fait un démarrage difficile. Des relations anxieuses mère-enfant créent un conflit autour de la nourriture — conflit d'autant plus aigu que la mère se sent observée et critiquée par sa propre mère, convaincue « qu'elle ne sait pas y faire ».

Dès l'apparition du langage, l'enfant manifeste des difficultés sur le plan de la communication. Il développe un langage à lui (bodo = aspirateur) compréhensible à la mère seule. Il ne la quitte pas. « On a peur qu'il lui arrive quelque chose », me dit-on.

Par ailleurs, je note : interdiction de toute liberté motrice et éducation rigide de la propreté. (L'enfant reste des heures sur le pot pour attendre « que ça vienne à l'heure où c'était censé venir ».)

C'est dans ce climat de dépendance maternelle, de non-autonomie parfaite, que l'enfant va faire, avec insuccès, ses premières tentatives scolaires. Avec insuccès au départ, car il n'avait ni l'âge, ni la maturation pour une acquisition scolaire. (La scolarité à 4 ans, il la vivait dans le rêve maternel, plutôt qu'en son nom propre.)

Que donne un examen scolaire ? — La *lecture* est un tissu de contre-sens. Les éléments dyslexiques sont apparents, alors que l'orthographe (acquise plus tardivement) est relativement correcte.

En *calcul,* le raisonnement est toujours absurde, et la panique de ne pas savoir, totale.

Le niveau intellectuel est normal, mais, dans le discours de l'enfant, il n'y a pas de place pour le *JE.* Il s'agit toujours de *nous.* Ce *nous,* c'est « maman et moi ».

« Il vaut mieux, ajoute l'enfant, ne pas faire de rêves, plutôt que de faire des rêves méchants. »

Tout ce qui est agressif est condamné. François préfère se mettre entre parenthèses plutôt que de déplaire à maman.

Le seul métier entrevu est celui d'ingénieur des ponts (c'est-à-dire une sorte d'aliénation de son désir dans le rêve maternel).

L'idéal paternel proposé par la mère à l'enfant est l'*oncle maternel.*

L'image du père apparaît en retrait, il ne compte pas.

Seuls comptent comme véritables sujets de préoccupations pour l'enfant, les maladies de la mère : « Maman a des crampes dans les pieds, dans les bras, dans les mains, elle a des rhumes, pauvre petite maman, et moi qui viens là pour la désoler ».

Que faire ? — Bien sûr, une orientation scolaire s'impose. Mais est-elle vraiment si urgente ? (On peut regretter que l'enfant n'ait pas été examiné plus tôt, des erreurs et des échecs auraient peut-être été évités.)

De quoi s'agit-il en fait ?

— d'une insatisfaction de la mère en tant que fille. « Je ne suis qu'une pauvre petite femme. » Ces paroles, c'est l'enfant qui les prononce en écho (« pauvre petite maman ») comme pour accentuer sa propre indignité.

Cette mère dépressive, qu'il ne peut jamais arriver à combler, l'enfant s'efforce au moins de l'occuper par ses échecs et sa conduite phobique, conduite qui apparaît ici, plus comme l'expression du désir maternel, que comme la maladie propre de l'enfant.

Et le père? – Homme résigné, il m'avoue : « Je me reproche d'avoir donné mon fils aux femmes, mais je ne pouvais continuellement me battre, la vie aurait été un enfer ».

Enfant-jouet, laissé aux femmes de la maison « pour avoir la paix », tel apparaît François.

Tant que sa scolarité est l'expression de la rêverie maternelle et d'un enjeu entre deux femmes, l'enfant ne peut, à l'instar du père, que ne se sentir concerné par rien — c'est sa manière de se mettre à l'abri de conflits névrotiques sérieux.

Un essai de psychanalyse est proposé. Déjà la mère se rétracte. « J'ai peur que tout ça vienne changer nos habitudes. »

— Et vous, Monsieur, qu'en pensez-vous ?

« Je vous l'ai dit, j'ai renoncé depuis longtemps. Je veux la paix, ma femme est libre. »

Libre de faire ce qu'elle veut d'un enfant presque non reconnu par son père.

Que peut faire l'analyste, sinon attendre ? A forcer ici une psychanalyse, qui touche à des problèmes si essentiels au niveau du couple, on risque des difficultés d'un autre ordre.

Dans l'immédiat, il reste au moins la possibilité de verbaliser à l'enfant[1] (devant les parents) sa situation et la signification de ses échecs scolaires.

Une lueur d'espoir chez le garçon qui se croyait complètement idiot. Mais une anxiété chez la mère, à peine dissimulée « C'est pour une adresse d'école que je venais. Je sens que tout ça va me rendre malade à nouveau ».

— Mais non, petite maman, je serai gentil, tu verras.

Exit du couple et de l'enfant.

Pourquoi, en effet, changer quoi que ce soit, quand tout paraît si bien à sa place ?

C'est la question qui s'impose à moi, je voudrais la rejeter, exhorter ce couple à quoi ? — à adopter une conduite correspondant à mon éthique ?

Je ne peux que me taire et attendre... Un jour peut-être, reviendront-ils, et seront-ils mûrs pour *entendre* les paroles de l'analyste.

Cas II

Victor, 14 ans, est le dernier de 3 enfants. Il a des difficultés scolaires depuis toujours, elles se sont accentuées dans le secondaire.

« L'aîné, me dit la mère, c'est le fils du père, il est brillant. »

1. J'explique à l'enfant que ses échecs ne sont pas liés à un déficit intellectuel. Ils ont un sens dans la manière dont il a grandi, protégé contre tout ce qui est vivant par une maman orpheline de père lorsqu'elle était petite fille. « Si maman avait eu un papa, elle aurait eu moins peur que son mari devienne un papa trop en colère. La colère de papa t'aurait aidé à devenir un homme, au lieu de rester le bébé qui a les peurs de maman ».

« Le dernier, c'est le fils de la mère, disent les amis — et malheureusement, moi, j'ai tout commencé et rien fini. »

La fille est sans histoire et autonome. Victor est difficile, il se croit rejeté par son père. « En fait, mon mari se reconnaît dans l'aîné et se sent étranger dans l'autre, – ou plutôt, le dernier, ne lui rappelle que ses complexes, l'aîné le flatte dans ses réussites. »

Victor, malgré un Q.I. supérieur à la moyenne, échoue aux épreuves scolaires. Il se veut brillant, mais à bon compte. Tout effort est rejeté, il ne *se* supporte pas peinant sur un exercice. De sa haine à l'égard de l'aîné, il garde en lui l'image fascinante du brillant élève. Cet aîné qu'il rejette et méprise, il s'efforce inconsciemment de l'imiter. Il souhaiterait pouvoir intéresser son père... mais le travail, tant qu'il n'est que moyen de séduction, risque de demeurer vide de sens.

Victor s'imagine que le monde lui est hostile, il est en révolte contre les adultes. L'échec scolaire est ressenti comme une injustice.

Mais est-ce bien la peine de tout centrer sur l'échec scolaire ? — n'y a-t-il pas autre chose qui apparaît ?

De par sa situation à deux avec sa mère, l'enfant s'est toujours arrangé pour ne pas avoir à passer par la Loi du Père. Cette loi, il la refuse aussi bien dans la compétition scolaire que dans ses relations humaines. Il refuse d'être dominé, ne supporte pas que ses actes soient mis en question. Il se veut fort, sans avoir à passer par l'épreuve de la faiblesse et du non-savoir.

Il ne supporte pas le doute, et cherche comment le pallier.

Un cours de rattrapage ? — Bien sûr, mais l'enfant ne fait que cela depuis la 6ème.

En fait, tant que ne sera pas dégagée la signification du blocage scolaire, toute rééducation risque d'aller dans le sens des défenses de l'enfant[1], et d'accentuer ainsi curieusement les difficultés liées au refus du sujet d'accepter les épreuves et l'affrontement aux aînés.

Toute idée de psychanalyse est cependant refusée par Victor. « C'est une atteinte à ma personnalité. »

En fait, il a peur qu'une psychanalyse ne provoque la perte de ses privilèges, le laissant ainsi désarmé devant l'adversité. Actuellement, d'échec, il n'y en a guère, le sujet « abandonne » afin d'éviter toute confrontation.

Il cherche à épuiser toutes les recettes éducatives, à user de tous les faux-fuyants, plutôt que de s'engager dans l'épreuve de vérité que constituerait pour lui une psychanalyse.

Actuellement le psychanalyste ne peut qu'attendre. Il sait que, derrière le spectre de l'échec scolaire, se cache toute l'insécurité d'être de Victor, elle s'exprime dans sa révolte, son opposition. Son développement sexuel normal de garçon est même en danger, dans cette aventure où tout affrontement à l'Autre est systématiquement évité, où tout désir se fige dans l'univers clos derrière lequel le sujet s'abrite.

Cas III

La mère consulte pour son fils Nicolas, 15 ans, qui

1. Défenses : les protections psychiques mises en avant par l'enfant pour se mettre à l'abri de sa vérité. Ici il s'agit surtout d'attitudes d'évitement, acceptées ou suggérées par les parents.

fait une chute scolaire spectaculaire. « Quand je suis dépressive, je l'aide dans son travail, mais il ne veut plus de moi. Le drame, c'est qu'il est soutenu par son père, il triomphe de moi quand il est là. Or son père, si vous saviez, comme il est mou, absent, fatigué, bon à rien. »

En fait, la chute scolaire du garçon est l'écho d'un épisode dépressif sérieux chez les deux parents. L'incontinence a reparu. Le sujet est en proie à la panique dans ce milieu fermé où les adultes ne pensent qu'à se laisser mourir.

Il a passé des années à combler en vain sa mère de satisfactions. Actuellement, « tout craque chez elle » et le reproche qu'elle formule est le suivant : « Je ne voulais pas d'enfant, j'avais peur que ça fasse mourir ma sœur ».

Quinze ans après, la sœur (brillante) meurt effectivement, et la mère n'arrive pas à se remettre de ce deuil (expression inconsciente sur le plan fantasmatique d'envies infantiles de meurtre).

« Ma sœur était douée, moi, j'avais le moindre don en tout. Quand ma sœur avait 18/20, j'avais 12. Mon fils n'est pas comme ma sœur, il n'est pas mûr. Moi, j'ai le caractère de papa, je ratais tout et elle réussissait. Elle s'emparait de mes sujets de conversation. J'étais la moins brillante. »

La mort de la sœur, met la mère dans un tel état de culpabilité, qu'elle ne se reconnaît plus le droit de vivre. « A la maison, c'est comme un cimetière, on est tous enterrés vivants. »

En fait, Nicolas n'a pas quitté sa mère jusqu'au deuil

de la tante et, la dépression maternelle, il ne peut la supporter.

Ne pouvant rejeter sa mère, c'est le travail, lien d'union entre eux, qu'il rejette.

L'entente excellente avec le père (grand malade) ne suffit cependant pas à donner au garçon confiance en lui.

L'examen intellectuel donne un niveau très supérieur à la moyenne, bien que dans le discours du sujet une sorte de « stupidité névrotique » apparaisse.

Happé dans le monde maternel, Nicolas vit en écho à la mère, son deuil à elle. Tout support masculin semble lui faire défaut, il s'est comme arrêté de vivre. Culpabilisé par ses échecs, il ne peut rien entreprendre pour son compte à lui. Il souhaite une possibilité d'internat, mais ajoute aussitôt : « Il ne faut pas que le prétexte en soit : la tristesse au foyer. Qu'est-ce qu'ils deviendraient les parents, si je n'étais plus là ? »

Tant que Nicolas est pour ses parents un objet de préoccupation, ils ont en effet de quoi s'accrocher à la vie. « Mon mari me dit tout le temps : c'est fini, je vais mourir. Je suis moi-même une épave, je me raccroche au fils. »

La chute scolaire n'est ici qu'une sonnette d'alarme, cachant un risque de dépression chez un adolescent angoissé par l'atmosphère de mort planant sur les vivants.

Seule une séparation du milieu pathogène soutenue d'une psychanalyse, peut le tirer de là. Dans le cas en question, la chose est possible, car les parents sont assez conscients du drame pour se soigner et laisser soigner leur fils.

Cas IV

Michaël a 19 ans, il n'arrive pas à dépasser la classe de 1ère, malgré un niveau intellectuel supérieur à la moyenne et une scolarité sans histoire.

Père et fils s'entendent très mal. Le père aurait souhaité qu'il réussisse là où lui-même avait échoué (polytechnique, médecine). Et c'est au moment où le choix dans les études risque de devenir décisif que le sujet, curieusement, « cale ».

« Je n'ai travaillé que par obligation. Je ne sais pas ce que c'est que d'avoir envie de travailler. »

Il souffre d'avoir déçu son père. « Je ne peux faire autrement. » En fait, Michaël se sent très dévalorisé, il ne peut fréquenter que des jeunes « ratés », il cherche des consolations dans la danse, le plaisir et les filles faciles.

Ce garçon, très doué, ne peut en fait dépasser son père. Il a été trop inclus dans les rêveries de celui-ci pour avoir le goût de réaliser quoi que ce soit en son propre nom.

Dépressif, il a l'impression d'avoir perdu la partie d'avance. Il *ne désire rien*, c'est bien là son drame. Le monde lui paraît absurde « tout est dépourvu de sens ».

Ici il ne s'agit pas tant d'orientation scolaire, que de la nécessité d'une aide psychanalytique[1]. L'entretien avec le père a permis la reconnaissance par celui-ci de la valeur du fils. Un espoir de dialogue s'amorce, à la place de la vaine rêverie. Très vite, ce jeune homme va

1. D'une aide psychanalytique – Pourquoi ? – Pour se situer par rapport au mythe familial, découvrir sa voie hors de toute identification ou projection trompeuses.

trouver sa voie, il a fallu qu'un jour il y soit autorisé et se sente reconnu comme sujet valable par cet homme qu'il croyait détester, et qui, en tant que père, incarnait des valeurs essentielles qu'il ne pouvait renier sans se renier lui-même.

Cas V Refus scolaire

Bernadette, 6 ans, enfant unique d'une mère non mariée, refuse brusquement un jour d'aller à l'école. « La maîtresse est méchante » répète l'enfant entre deux sanglots.

Élevée par ses grands-parents, Bernadette a des réactions phobiques quand elle se retrouve seule avec sa mère. Habituée à la vie campagnarde, elle se sent perdue à Paris.

D'intelligence très supérieure à la moyenne (Q.I. 124), en avance scolairement, l'enfant a cependant tendance à développer des mécanismes dyslexiques ; les inversions de sons sont nombreuses.

Les tics de la bouche apparaissent au cours de l'entretien. Les histoires que l'enfant raconte, tournent toujours autour de l'image d'un couple heureux. L'absence de père, met l'enfant en danger d'être *dévorée*. Tout apprentissage est refusé « car lorsqu'on sait tout, il y a la mort au bout ».[1]

1. Ce *savoir*, évoque en fait la connaissance inconsciente que semble avoir cette enfant d'une situation familiale où, reconnue civilement par son père, elle vit avec une mère non mariée, sans référence aucune à celui qui lui donna son nom, bien que refusant de l'assumer. Cette mort qu'elle évoque n'est rien d'autre que le deuil du père qu'il lui faut arriver à faire, pour ne pas en mourir elle, dans ses possibilités de réalisation symbolique.

La maîtresse « méchante », dans le cas de Bernadette, semble bien prendre le relais de la mère, ressentie comme méchante et dangereuse en l'absence d'une image paternelle protectrice. (Jusqu'à 6 ans, l'enfant a été élevée chez un couple équilibré de grands-parents.)

L'enfant se sent mal à l'aise dans la situation à deux[1] qu'on lui propose et, en l'absence de garantie, refuse de prendre des risques (risques scolaires en l'occurrence), elle s'arrange pour n'avoir pas à passer par la Loi.

L'intervention du psychanalyste a permis à la mère de se rendre compte du danger qui la guette si elle happe l'enfant dans son monde fantasmatique à elle — et a permis à l'enfant, de prendre conscience de son agressivité (déguisée en crise phobique).

La reprise scolaire s'est faite après un mois de traitement (mais la cure psychanalytique ne s'est pas arrêtée pour autant).

Il importe en effet de sortir l'enfant définitivement de son monde phobique pour lui permettre une évolution autonome.

Le facteur scolaire, s'il fut à l'origine de la consultation, s'est bien vite estompé devant les troubles qu'il avait d'abord masqués. Nous pouvons même dire que l'enfant a eu la chance assez rare d'avoir été prise à temps pour pouvoir, grâce à la psychanalyse, surmon-

1. Situation à deux : la mère célibataire n'a pu se créer une vie personnelle, ni se donner des intérêts culturels ou professionnels suffisamment authentiques, qui auraient pu la mettre à l'abri du danger de transformer son enfant en centre unique d'intérêt, c'est-à-dire en lieu d'angoisse.

ter la dyslexie réactionnelle qui était en train de se former.

Le problème de la mort, l'enfant l'a posé en début de cure. Il faut encore qu'elle puisse l'affronter et faire du même coup le deuil d'une image paternelle structurante. (Ce qui a mis cette enfant en danger, c'est d'avoir une mère non « marquée » par la Loi du Père. Dans l'imagination de Bernadette, c'était le risque de « pouvoir faire n'importe quoi », ce que ses rêves de cannibale traduisaient dangereusement...)

Cas VI Chute scolaire

Martine, enfant intelligente, fait une chute scolaire brusque en 4ème. Aînée de deux filles (la cadette, brillante, satisfait les ambitions du père); Martine ne pense qu'aux sports. En fait, inconsciemment, elle semble prendre le parti de la mère contre son mari. « Mon mari, c'est un vieux pompon. » « On n'a pas idée, dit la fille, d'avoir épousé un garçon comme ça. »

Enfant préférée de la mère, Martine se ligue avec elle contre le père, décrit comme « bourreau ». Ce n'est qu'à la fin de la consultation que la mère, en pleurant, me parle de sa fille « qui fait tout pour exaspérer son père ».

Douée intellectuellement, l'enfant, au cours de l'entretien, fait écho au discours de la mère. « Mon père est un empoisonneur, il crie tout le temps, rien ne compte pour lui, sauf le travail — évidemment, seule ma sœur l'intéresse. »

Sa jalousie à l'égard de l'aînée est à peine déguisée ; à l'instar de sa mère, Martine se présente comme une victime, insensible aux reproches et aux punitions.

Le refus du travail, va de pair ici avec une situation œdipienne refusée (non sans conflits, car c'est à propos des difficultés avec son père, que l'enfant évoque ses peurs nocturnes, ses réactions phobiques, c'est-à-dire toute une situation perturbante née de la complicité mère-fille).

La psychanalyse, acceptée par la mère et l'enfant, réintroduit le père dans la vie de Martine. — Et c'est bien là ce qu'il y a, au départ, de plus important.

La chute scolaire, ici encore, n'est que le signal d'une détresse d'adolescente insatisfaite de ne pouvoir établir de relation correcte avec son père. Elle demandait à être reconnue, fût-ce dans le scandale.

Cas VII

La mère veut m'amener sa fille Sabine (11 ans) menacée de renvoi. Le père s'oppose à tout examen.

J'accepte de voir la mère, mais non l'enfant.

Que donne cet entretien ?

La fillette a des tics qui se répètent toutes les 30 secondes, ils sont apparus il y a trois mois à la suite d'un placement en home d'enfants contre le gré du père.[1]

En fait, ces tics existent depuis l'âge de 6 ans (date à

1. Il peut paraître à première vue aberrant qu'un père refuse l'hospitalisation de son enfant. A voir les choses de plus près, on se rend compte que ce refus (dans le cas présent) est une forme de sagesse chez un homme qui a l'intuition juste du danger couru par son enfant à être utilisé comme objet unique d'échange entre sa mère-médecin et ses collègues-médecins. Les tics et les phobies sont des troubles réactionnels à une situation névrosante.

laquelle le père quitte le domicile conjugal pour protester contre une opération entreprise sur un autre enfant sans son avis).

Le retour au foyer du père, coïncide curieusement avec une recrudescence des troubles de Sabine (refus scolaire et crises phobiques graves), qui amène une nouvelle hospitalisation « pour observation de troubles nerveux », sans le consentement paternel.

Au retour, Sabine, en plus de ses propres tics, ramène ceux des autres...

Devant ce tableau, j'écris au père pour lui demander son autorisation avant d'entreprendre un examen. Et voici sa réponse :

« Je vous remercie de votre lettre et j'apprécie la position franche que vous adoptez dans ce cas particulier.

Je dois vous aviser que certaines divergences de vues avec ma femme, quant à ce qui a été fait et ce qui reste à faire pour l'évolution morale de cette enfant, font que je suis obligé de refuser votre offre de collaboration.

J'estime qu'il appartient aux parents et à eux seuls de faire en sorte que l'enfant ait un comportement normal de son âge. »

Couple uni jusqu'à la naissance des enfants. Leur arrivée au monde a signé le début de la mésentente (par impossibilité pour la mère de supporter une situation à trois, c'est-à-dire une situation où le père continue à exister dans la mère malgré la présence des enfants). A soustraire les enfants à l'autorité de son mari, en usant de toutes les complicités, Mme X a fait le malheur des siens.

Ma lettre, par mon refus d'entrer dans le jeu de la mère, fut, en elle-même, une intervention thérapeutique.

Le père a pris une décision contre une possibilité de cure psychanalytique ? — Qu'importe pour l'instant. Par son refus, il devient présent à la mère et à la fille, il décide d'emmener cette dernière en voyage, c'est déjà en soi une chose importante.

Plus tard, il acceptera peut-être une cure psychanalytique, s'il se rend compte qu'elle ne va pas à l'encontre de son autorité.

Si j'avais commencé une psychanalyse, je serais devenue complice de la mère. En tenant compte de la parole du père, j'ai laissé à chaque membre de la famille la possibilité de retrouver sa place.

Ici encore la scolarité déficiente ne servait qu'à masquer des désordres névrotiques d'une gravité bien plus grande.

Qu'est-ce qui nous frappe, dans ces cas de désordre scolaire ?

— C'est que l'acuité du symptôme invoqué cache des difficultés d'un ordre différent. Les parents apportent au psychanalyste un diagnostic établi d'avance. Leur désarroi commence au moment où ce « diagnostic » est mis en question. Ils découvrent alors que le symptôme scolaire servait à masquer tous les malentendus, les mensonges et les refus de vérité.

Nous avons vu l'importance du rôle du père dans la genèse des difficultés scolaires. Ou bien, il est exclu par la mère, et l'enfant se sent en danger dans une situation duelle. Ou bien l'image paternelle apparaît dans une situation conflictuelle : découragé à l'idée de ne pouvoir satisfaire le père, l'enfant renonce alors à tout désir propre, s'engageant ainsi dans un chemin d'abandon et de dépression.

Ce qui est en jeu, ce n'est pas le symptôme scolaire, mais l'impossibilité pour l'enfant de se développer en ayant des désirs à lui, non aliénés dans les fantasmes parentaux. Cette aliénation dans le désir de l'Autre, se manifeste par toute une série de troubles, allant de réactions phobiques légères jusqu'à des troubles psychotiques.

En fait, quand la mère vient consulter pour un symptôme précis, assorti d'un diagnostic sûr, c'est généralement parce qu'elle souhaite ne rien changer à l'ordre établi. L'aventure commence lorsque l'analyste met en question la réponse parentale. Les parents lui pardonnent mal de ne pas rester complice de leur mensonge.[1] C'est pourquoi ils exigent si souvent de lui des adresses, des orientations hâtives, plutôt que l'essai d'une psychanalyse.

Cas VIII Un Dyslexique rééduqué

Simon a été examiné à l'âge de 10 ans, pour difficultés scolaires. (Gaucher contrarié, il est handicapé par une forte dyslexie, et échoue scolairement malgré un Q.I. élevé.)

Une rééducation de l'orthographe, une rééducation psycho-motrice furent tentées, auxquelles s'ajoutèrent des séances de psycho-drame.

1. Le mensonge sur lequel toute une vie peut se fonder est, d'une certaine façon, l'expression d'une méconnaissance.

L'enfant en garde le souvenir de « leçons d'orthographe, de gymnastique, et d'un jeu avec un Docteur ». « Je n'avais plus le temps de rien faire d'autre que de courir de l'école aux leçons. »

— Pourquoi faire ces leçons ?

« Pour l'orthographe, ça va mieux maintenant, mais je n'ai pas été admis en 6ème quand j'en avais l'âge. » Actuellement, à 14 ans, Simon est en 5ème d'orientation, il doit, en fait, renoncer à des études secondaires normales.

Ce qui frappe à un examen affectif attentif, c'est la structure obsessionnelle[1] dans laquelle le sujet semble se figer. Tout ce qu'il énonce, est systématiquement annulé, l'instant d'après. L'enfant est sans désirs, il apparaît comme blindé contre toute souffrance et mise en question.

Très fixé aux parents, il n'a aucune vie personnelle en dehors de ce qu'ils organisent pour lui. Aucune émotion n'est traduisible en paroles, tout est isolé. Une non-liaison constante apparaît entre ce qu'il dit et ce qu'il fait.

Toute la gamme des épreuves intellectuelles met l'accent sur le facteur « sur-doué »... mais voilà, « ça n'a rien donné ».

La question que l'on est en droit de se poser, c'est de savoir si l'indication de rééducations massives, n'est pas intervenue trop tôt, renforçant ainsi des mécanismes de défense de type obsessionnel.

Actuellement, la structure obsessionnelle est si rigide,

1. Structure rigide à l'intérieur de laquelle le sujet se trouve barré dans toute expression libre de soi et de son désir.

que l'on voit mal ce qu'une psychanalyse non voulue par l'enfant pourrait apporter.

A 10 ans, l'enfant avait, nous dit-on, « des traits phobiques marqués », il eût été peut-être souhaitable alors de commencer par une psychanalyse, et de ne s'occuper des symptômes proprement dits qu'en un deuxième temps. Malheureusement, sous la pression sociale, le consultant cherche souvent à « gagner du temps » en parant à ce qu'il croit être le plus pressé.

Il nous fait, dans ce cas, constater l'échec des rééducations proprement dites : elles ont aggravé les défenses du sujet, augmenté son inhibition intellectuelle et abouti au résultat paradoxal suivant : débarrassé de ses difficultés orthographiques, Simon s'est bloqué dans son développement intellectuel au point d'être inapte aux études, malgré un Q.I. élevé et des performances réussies sur le plan de l'abstraction.

A rééduquer un symptôme qui était pour l'enfant une forme de langage, c'est-à-dire le seul moyen à sa disposition d'exprimer ses difficultés, on l'a mis en danger, et c'est d'une autre manière que dès lors ses défenses vont s'organiser — aux dépens cette fois, de tout éveil intellectuel.

II DIFFICULTÉS CARACTÉRIELLES

Cas IX

Thierry, 8 ans, vient pour « difficultés caractérielles et inadaptation scolaire ».

Second de 3 enfants, seul garçon entre 2 filles, l'enfant fut adulé par sa nourrice jusqu'à l'âge de 5 ans, c'est-à-dire jusqu'à la naissance de la petite sœur. Cette naissance coïncida malheureusement avec le retour au foyer de Thierry. A l'arrivée chez sa mère, il y eut une jalousie banale. Mais l'impossibilité, pour la mère, de supporter l'agressivité de son fils, figea très vite ce dernier dans une « méchanceté » « dénoncée » par l'adulte.

Dépressive depuis la naissance de l'aînée, cette mère (orpheline dès l'âge de 7 ans) n'était pas faite pour avoir une famille nombreuse, dans la mesure où cela lui enlevait toute possibilité de vie professionnelle. « Je ne suis pas douée pour être femme au foyer. Je m'énerve, ce sont les enfants qui prennent. »

En fait, c'est surtout le garçon qui est au centre des disputes. Il l'exprime d'ailleurs avec les paroles de la mère : « Quand j'étais petit, c'est la grande sœur qui prenait, c'est mon tour maintenant ».

Les rêves de l'enfant sont toujours de style persécutif. Il souhaite par ailleurs rester petit « pour avoir des parents moins méchants qui vous battent moins ».

Fixé à sa mère, Thierry ne peut cependant faire autrement que de la « faire enrager ». En écho à ses paroles, il me dit : « Papa râle toujours après maman et cède tout aux enfants ».

En fait, il cherche à se glisser entre les deux parents, il revendique la première place auprès de la mère et ne se sent à l'aise que dans les disputes qu'il provoque. A l'aise, et malheureux à la fois, car il finit par être rejeté par tous et, déjà, il s'efforce à prendre un air de « faux dur ».

Le couple parental est uni, orphelins de bonne heure l'un et l'autre, le mariage était avant tout pour eux une sécurité à deux. Les enfants sont venus bouleverser leurs plans.

Une psychanalyse va pouvoir aider ici un enfant en désarroi, qui commence à traduire d'ailleurs ses difficultés sur le plan d'une distorsion graphique (écriture en miroir).[1]

D'intelligence supérieure à la moyenne, Thierry, sans aide psychanalytique, risque de devenir un révolté, doublé d'un mauvais élève.

Cas X Où les difficultés d'un enfant sont l'expression de celles d'un couple

Lucien vient au monde après 24 ans de mariage. « J'avais besoin d'un enfant, me dit la mère, parce que c'était creux. »

En fait, la venue au monde d'un fils va lui donner tous les droits : dès ce jour, le mari ne compte plus. « L'enfant, c'est mon affaire, *il* n'a rien à voir là-dedans. »

Toutes les sorties du couple vont être supprimées. Toute la vie des parents, va tourner autour de celle de l'enfant. Le père se sent dès lors exclu, quasi « renvoyé de chez lui ». La mère est à son affaire, avec un enfant qui occupe tous ses instants et lui rappelle ses jeux de fillette avec son petit frère, mort quand elle eut 12 ans.

L'enfant, d'un niveau intellectuel supérieur à la

1. Écriture en miroir : écriture reproduisant les caractères tels qu'un miroir vous les renvoie.

moyenne (Q.I.125) est complètement dérythmé et handicapé sur le plan psycho-moteur. Attaché au père, il n'ose cependant se développer sur un mode viril, il se soustrait volontairement à tous les échanges moteurs qu'il pourrait avoir avec lui (jeux). Il obéit, par crainte, à un idéal maternel, gentil, passif. « Ce qui compte, c'est ce que maman décide », me dit l'enfant. Cependant, cet état de choses le met en insécurité. Lucien cherche refuge dans une conduite régressive. Tout lui fait peur. « Ce qui serait bien, c'est de ne rien voir, de ne rien entendre de ce qui est désagréable. »

Lucien est l'enjeu de la mésentente du couple. La mère pressent le danger que représenterait pour elle l'analyse du fils — et s'y oppose. Ce qu'elle désire, c'est garder, pour elle seule, un jouet dont elle resterait maîtresse.

Cependant, les réactions anorexiques et phobiques de son fils l'ennuient — et puis il y a les menaces de divorce du mari excédé.

Les symptômes de l'enfant sont ici avant tout l'expression des difficultés d'un couple, et de la mère en particulier. Réalisant sur le tard son vœu de petite fille (avoir un enfant sans mari), elle crée une situation impossible à chacun.

Dans l'entretien, l'analyste ne peut brusquer les choses. Il ne peut que souligner l'absurdité d'une situation qui apparaît dans le discours de la mère, et en dénoncer les méfaits.

Mais ce n'était pas cela que la mère venait chercher, elle souhaitait recevoir un avis la confirmant dans son bon droit. Peut-être est-elle déjà en quête d'un autre consultant... tant il est vrai qu'elle a besoin de trouver une garantie à son mensonge...

Cas XI

Catherine est une révoltée, disent les adultes. Elle se fait renvoyer de partout. — 16 ans, hargneuse, pas aimée. En fait, enfant abandonnée de père dès sa toute petite enfance. « Qu'est-ce que cela peut me foutre les enfants, j'en ferai d'autres ailleurs ». La fillette avait alors 5 ans...

Bébé, sa nurse lui faisait manger ce qu'elle vomissait, l'attachait sur un pot pour pouvoir mieux vaquer à ses occupations.

Le divorce des parents est suivi d'un épisode dépressif chez la mère et d'un changement de vie total. Catherine grandit, dans une atmosphère lourde de rancœur. Attachée à son père, elle lui en veut de lui préférer son frère[1] et de l'abandonner à une mère dépressive.

« J'aurais mieux aimé que maman se remarie, elle aurait ainsi moins besoin de moi. Je suis tellement tout pour elle, que lorsqu'elle n'est pas là, je ne suis plus rien, je fais tout brûler. »

D'intelligence supérieure à la moyenne, cette jeune fille est découragée, sans ressort, elle vit, par identification à la mère, l'abandon de celle-ci.

Ce divorce, l'a en quelque sorte laissée orpheline :

1. La garde du frère fut en effet confiée au père à sa demande, et la fille, en tant que fille, laissée pour compte à une mère névropathe. Catherine a dès lors l'impression qu'elle doit cet abandon à sa condition de fille.

elle a perdu à la fois une image paternelle et une image maternelle structurante ; tout en étant privée du même coup de la compagnie d'un frère dynamique.

Revendicante, insatisfaite, Catherine ne s'intègre nulle part et s'arrange pour être toujours renvoyée et détestée.

Seule une aide psychanalytique peut ici tirer d'affaire un sujet aliéné dans l'histoire de la mère et qui répète en quelque sorte une situation d'abandon vécue à une autre génération.

Cas XII Enfant en danger moral

Simon a 13 ans, il vole, et est refusé à l'examen d'entrée en 6ème.

Il est l'aîné de 3 enfants ; son père est un homme de grande valeur, qui se dépense beaucoup pour son pays (jeune État ayant acquis l'indépendance), mais l'enfant ne participe en rien à ce qui pourrait enthousiasmer un jeune de cet âge (la révolution gagnée, la stabilité politique à acquérir, le pays à construire). Non, il fait partie d'une bande « qui se dore au soleil et court les putains ». « Pour de rire, on attaque et on vole. »

Le père ignore tout de la conduite de son fils — la mère, en effet, s'efforce de camoufler, de cacher tous les méfaits de l'aîné, qui, ainsi, mesure sa puissance.

Un jour, c'est le drame — le père apprend tout et décide d'envoyer l'enfant en Europe pour qu'il échappe à la contagion morale d'un groupe d'adolescents dévoyés. Le niveau intellectuel de Simon est très moyen. Il a un côté « faux adulte » assez frappant — son honnêteté est déconcertante. « Quand je m'ennuie, je casse les réverbères. Rien ne m'intéresse, sauf les filles, la danse, le cinéma. » La complicité de la mère est sans cesse recherchée. « Ah, si un jour, j'arrivais à faire sauter une banque sans me faire prendre. » Derrière tout cela, nous trouvons le désarroi d'un adolescent insatisfait de pouvoir ainsi berner son père, insatisfait d'avoir si peu de présence paternelle.

Dans la mesure où la mère n'a pas su faire intervenir dans son discours le *nom du père*, c'est par identification à une mère délaissée, que l'enfant va se construire, au lieu de se montrer le fils digne d'un père valeureux. Une psychanalyse a été conseillée, ainsi qu'un éloignement du pays. — Mais le pronostic est réservé : 13 ans, un niveau de 7ème, un style de vie faux adulte, le refus de tout effort et une envie très relative d'entreprendre une psychanalyse. Le père, conscient du danger que court son fils, laisse cependant sa femme mener la barque, il avait besoin pour sa propre paix, d'échapper à toute confrontation avec une vérité pénible.

L'adolescent en danger moral, le délinquant, ont toujours été à un moment des enfants difficiles. La crise, caractérielle au début, peut n'être que l'expression d'un malaise dans la fratrie (jalousie, incompréhension) ou d'un malentendu avec les parents. Malaise et malentendu peuvent s'accentuer s'ils ne sont pas compris, se traduire en distorsions scolaires, puis en conduites agressives.

Il est rare que l'on ne trouve pas au niveau du couple parental un manque de présence paternelle. La présence réelle du père n'est pas indispensable, mais ce qui semble indispensable, c'est la présence du père dans le discours de la mère. Quand le père ne fait pas la Loi pour la mère, quand celle-ci ne l'estime pas ou ne le respecte pas assez, nous en trouvons toujours les effets au niveau de l'enfant, en particulier chez le garçon. Celui-ci s'introduit dans ce jeu de dissension parentale, ou de complicité maternelle ; il fait généralement la loi à la mère (par identification à elle) — prenant ainsi le chemin des inversions, des phobies ou de la délinquance.

Insatisfait, peu sûr de lui, ayant renoncé aux vraies compétitions, désireux de garder tous les avantages de l'enfance (attachement œdipien non liquidé) et de n'avoir aucune obligation d'adulte, mais tous les droits, le sujet s'engage alors sur une voie qui l'écarte du social, et lui attire réprimande et condamnation. Mais cet enchaînement est progressif, les occasions sont multiples où il est encore temps d'intervenir, pour sauver ce qui n'est encore qu'un enfant désorienté et malheureux.

Cas XIII Jalousie envers un puîné

Émilie, 9 ans, aînée de 3 enfants, est décrite comme instable, méchante, revendicante, boulimique. Elle a fait une tentative d'étranglement sur sa petite sœur (3 ans).

Par suite de difficultés de logement, cette enfant n'a jamais couché à la maison, faute de place. Ce n'est qu'à la naissance de la 3ème, qu'Émilie put réintégrer le foyer, à la faveur d'un déménagement.

D'emblée, elle prend le bébé en grippe, il lui rappelle

confusément la naissance du petit frère (2 ans) qui provoqua son départ de la maison.

La non-acceptation des puînés fut entretenue par la grand-mère paternelle. Celle-ci ne pardonna jamais à sa bru d'avoir eu plusieurs enfants et d'être dans l'oblibation de partager ainsi « les Biens » de la famille. Il vaut mieux, répétait-elle, « garder les vaches que les enfants ».

Émilie a fait ainsi très jeune le jeu de la dissension des adultes, c'est en ennemie de la mère qu'elle réintègre le foyer à l'âge de 6 ans.

D'intelligence normale, l'enfant est nulle scolairement. Ce qui apparaît surtout en cours d'examen, c'est son désir de rester « toute petite pour pouvoir être beaucoup gâtée ». Elle a de plus « peur des trai[illegible] peuvent vous couper en deux ». « Peur de gra[illegible] ça apporte la mort. »

Il lui est impossible de se situer dans l[illegible] dans l'avenir. « Ça ne serait pas mal q[illegible] quelqu'un de bien comme je ne peux p[illegible]

Méchante, Émilie ? Non.—Dange[illegible]

Il s'agit avant tout d'une enfan[illegible] trop tôt de sa mère. Sa jalousie [illegible] famille, est devenue sa seul[illegible]nication. Émilie mord, griff[illegible]. En fait, elle cherche à être le s[illegible]re et à éliminer, du même coup, l'image d[illegible]

Elle en veut au couple parental, [illegible]e s'imagine détester, alors qu'elle cherche à les aimer (mais elle a manqué la possibilité de poser correctement son Œdipe . Seule une psychanalyse peut ici tirer d'affaire une enfant en danger d'être rejetée par sa famille et par la société.

Cas XIV

Pierre, 7 ans, ne pense qu'à « tuer » son frère...

Aîné de 3 enfants, il se sent malheureux à la maison et à l'école. Il a partout des réactions persécutives. Cette persécution se traduit dans les rêves où il se fait « encorner par les taureaux, renverser par les chevaux ».

La présence des puînés le gêne dans toutes ses activités. Il réclame une chambre pour lui seul. « J'aime être tranquille, j'ai horreur qu'on me suive partout. J'ai horreur qu'on touche à mes affaires. »

En fait, Pierre trouve un appui dans ses revendications auprès du grand-père paternel. Il est pour lui « son seul petit-fils ». Les autres enfants ne comptent guère. Chez les grands-parents, Pierre est roi. « Je suis, dit-il, le fils de grand-père »... c'est-à-dire fils œdipien d'une mère encore très attachée à son propre père...

Le désarroi de Pierre, l'insécurité qu'il ressent à l'égard de son père, ne sont en réalité qu'expressions de l'inquiétude maternelle. « Je ne peux faire autrement que de comparer mon mari à mon père — c'est mon père qui compte pour moi. »

L'enfant, de ce fait, est soumis à la parole du grand-père qui fait la Loi pour la mère, mais refuse avec panique celle du père. « C'est à cause de lui que je me suis cassé la jambe, c'est lui qui me dit de faire des choses dangereuses. »

Le premier effet d'une psychanalyse serait d'éclairer le propre conflit de la mère autour de la figure du mari et du père — d'aider l'enfant, par là, à se situer correctement dans une situation œdipienne rendue confuse par la culpabilité de la mère qui ne se sent pas le droit d'être maîtresse chez elle et de laisser son mari être le maître du foyer.

C'est dans le vœu de meurtre des puînés que Pierre exprime le mieux son refus du couple parental, c'est-à-dire le refus inconscient de la mère à son propre mariage.

Pierre est l'enfant que la mère aurait souhaité avoir quand elle était petite fille... Cet enfant, issu d'un rêve, ne peut que rencontrer une réalité embarrassante...

Tout enfant, à la naissance d'un puîné, ressent une jalousie qui n'a en soi rien de pathologique. Elle n'est généralement que l'expression d'un sentiment intérieur de danger devant des mécanismes d'identification (qui le poussent soit à renoncer à ses progrès pour régresser au niveau du bébé, soit à se sentir menacé d'être mangé, comme sa mère l'est par le bébé). L'enfant, en désarroi, réagit alors par des mécanismes de défense qui le conduisent à se montrer agressif (il s'agit en réalité, d'une protection narcissique du sujet, luttant pour son droit à vivre).

Une attitude compréhensive de l'entourage aide l'enfant à dépasser ce malaise, à franchir une étape nécessaire à sa formation d'être social.

Mais il arrive que les sentiments de jalousie correspondent à des difficultés non résolues chez l'un des deux parents. A partir de ce moment, l'enfant quitte l'expérience normale d'un conflit de jalousie pour entrer dans le domaine pathologique. Il exprime alors d'une façon violente ce qui, chez la mère, est resté « inavouable ». C'est cet inavouable, ce non sublimable que l'enfant va faire exploser, créant la panique dans le monde adulte.

Cas XV Conduite a-sociale

Christian a 10 ans. Il est l'aîné de 3 enfants. « Il fait du mal exprès, et met les enfants en danger. Il mord le maître, aussi bien que les camarades. On en est à son 3ème renvoi scolaire... »

Ce qui frappe d'emblée à l'examen, c'est la consternation du père et l'expression hilare de la mère « qui trouve tout ça bien marrant ».

Les conditions de logement sont mauvaises, l'enfant en souffre.

D'intelligence nettement supérieure à la moyenne, Christian cache derrière sa dureté, une sensibilité à fleur de peau. Il se brouille avec tous ses amis ; susceptible, persécuté, il est, dirait-on, continuellement à l'affût du mal qu'on serait tenté de lui faire.

En fait, Christian souffre d'une insécurité maternelle totale. La mère, peu intelligente, intervient dans les disputes des enfants entre eux et envenime une situation qui, sans elle, se règlerait d'elle-même.

Seul le père soutient l'enfant. Mais celui-ci dans ses cauchemars, voit le bras du frère se changer en fourche menaçante — à d'autres moments, il a l'impression qu'on le jette dans une caverne.

Christian ne veut pas grandir. « Quand on grandit, on vous refuse tout. »

Inconscient de ses bêtises, ne se sentant jamais concerné par le mal qu'il peut faire, l'enfant s'isole et développe des thèmes persécutifs.

Seule une psychanalyse peut arriver à donner un coup d'arrêt à ce comportement a-social et avoir ainsi des effets heureux avant qu'un malentendu ne se soit définitivement installé entre l'enfant et le monde adulte. Christian apparaît, en effet, surtout comme un malade. Ses rapports avec sa mère sont de type « abandonnique » : il réclame et revendique un lien affectif qui n'a jamais pu exister à cause de la carence maternelle.

Les difficultés entre frères ont tourné au drame, à cause de l'interventionnisme adulte, responsable de cette situation de « frères ennemis », qui favorisa chez l'aîné l'éclosion de sentiments persécutifs.

Cas XVI

Étienne, 10 ans, est l'aîné de 4 enfants.

« Il ouvre la figure de son frère, casse le bras de sa sœur, met les autres en danger. Il vole, se masturbe ouvertement. »

D'intelligence supérieure à la moyenne, Étienne ne parle que de *fatigue*. Il rêve d'un pavillon avec des bêtes plein la maison. Il rêve de mer, de soleil. En fait, il cherche surtout à s'évader d'une atmosphère familiale néfaste : il hait sa mère, au point de lui refuser l'eau à table, alors qu'il apporte le vin au père. Il ne s'agit pourtant que d'un long malentendu : mère perfectionniste[1] qui s'est trouvée sur le chemin de son aîné, pour imposer son désir à la place du sien. Cherche-t-il à partir en vélo ? — elle lui propose un travail au champ. Est-il en quête de solitude ? elle invite une bande d'enfants.

Étienne se sent dès lors dans l'impossibilité totale d'accomplir quoi que ce soit, tout projet se trouve avorté avant même d'avoir pu mûrir.

Et c'est d'une manière persécutive, qu'il va, dès lors, se développer, sa méchanceté n'étant que l'expression d'une défense contre une image maternelle ressentie comme obstacle à toute possibilité d'évolution virile.

Ce qui frappe dans ces deux cas, c'est le contenu névrotique d'une conduite qui risque (sans intervention psychanalytique) de se figer dans le caractère a-social que l'adulte lui aura donné. A dénoncer la méchanceté chez ce type d'enfants, on ne peut qu'accroître un système de défenses qui est, pour eux, une protection narcissique contre une agression adulte ressentie comme dangereuse.

C'est à la mère que ces enfants en veulent. N'ayant pu trouver les mots pour exprimer leur soif d'amour, c'est par des actes destructeurs qu'ils s'efforcent d'amorcer le dialogue...

Cas XVII

Denis, 9 ans, aîné de 2 enfants, vole, met le feu, saccage les meubles, se fait renvoyer de partout...

1. Mère perfectionniste : mère recherchant la perfection dans les moindres détails, de telle sorte que l'enfant ne se sent plus maître de ses actes, il en abandonne la direction à l'Autre « qui est censé savoir ».

Couple désuni. Le père dit à l'enfant : « Les femmes, c'est fait pour manger les hommes, ne te marie jamais. » Et la mère rend Denis témoin de son malheur : « Papa ne veut jamais nous sortir. » L'enfant pris entre les deux, fait, avec des paroles d'adulte, des reproches, tantôt à l'un, tantôt à l'autre.

D'intelligence supérieure à la moyenne, Denis ne souhaite qu'une chose : redevenir tout petit, pour échapper à la tristesse du monde adulte. « S'il y avait une fée, je lui demanderais que les parents soient gentils entre eux. »

Confident du père, l'enfant refuse toute identification masculine. Hypersensible, il se sent coupable de la situation faite à la mère : il cherche une évasion à tout prix.

La délinquance, n'est ici, que l'expression d'un désarroi.

Seule une psychanalyse peut arriver à aider l'enfant à faire une évolution autonome, à avoir des désirs à lui non aliénés dans ceux des adultes.

Cas XVIII

Antoine, 15 ans, a mis le feu à l'usine de son père. Second de 3 enfants, il a été tout jeune mêlé à des drames familiaux dont il fut l'enjeu. Rejeté par sa belle-famille comme « fils de la mère », Antoine, au contact d'un père qui se proclame raté, est devenu renfermé, taciturne. Les échecs scolaires ont accru le caractère dépressif du sujet. « J'ai mis le feu, comme j'aurais pu me suicider, me tuer. »

Sujet intelligent, dont on peut craindre une évolution psychopathique.

Tous ces enfants ayant précocement des agissements a-sociaux ne sont pas des pervers,[1] mais des sujets dont l'évolution est compromise par une situation familiale nocive qui les empêche de poser correctement leur Œdipe. Identifiés tour à tour au père ou à la mère « victimes », ils ne trouvent à un moment que la violence pour échapper au danger de devenir à leur tour, « victimes » ou « ratés ».

Ce qui caractérise ces sujets, c'est le refus d'évolution dans le sens du devenir de leur sexe. L'image maternelle est toujours éminemment castratrice, il y a carence affective totale dans les échanges mère-enfant.

Ce n'est pas la désunion du foyer qui crée des troubles graves, mais le caractère pathogène d'un des deux parents qui vient là pour renforcer une situation réelle pénible — et introduire ce quelque chose d'insoutenable qui crée chez l'enfant une panique et une fuite dans un *acting out*[2] suicidaire ou meurtrier.

C'est parce que, à un certain moment, tout repère d'identification fait à ce point défaut, que le sujet cherche dans une action, un moyen de sortir d'une angoisse, comme s'il avait, à la limite, besoin de cet acte d'éclat, pour pouvoir ensuite parler et faire intervenir ce tiers, qui semble lui avoir toujours fait défaut

1. Un pervers est celui qui se situe d'une certaine façon dans une structure psychopathologique. Ce qui apparaît en analyse, c'est la position du sujet dans un rapport fantasmatique où il cherche à devenir objet et à donner ce qu'il n'a pas. La construction perverse s'organise autour du signifiant phallus qui vient là comme symbole du désir maternel.

2. *Acting out :* mise en acte d'une expression verbale qui n'a pas trouvé le moyen de se formuler ou de se faire entendre.

(dans les cas XVII et XVIII, c'est à partir de l'acte incendiaire, que l'enfant, par le biais de la consultation psychanalytique, a pu poser son problème face à des parents jusqu'alors inconscients du drame qui se jouait).

Cas XIX Le délinquant

Samuel, 15 ans, parents divorcés. — Vole, provoque la police. Se fait renvoyer des établissements scolaires. A échoué au C.E.P. — depuis, porte des couteaux à cran d'arrêt — et se déguise en femme.

« Je n'aime que les voyous, je ne veux rien faire. »

Ses souvenirs d'enfance ?

« J'en ai qu'un — l'enfance c'est de la blague —. A 9 ans, j'étais en vacances avec ma mère, elle avait emmené son amant avec elle. Quand mon père venait nous voir le week-end, l'amant disparaissait, et j'entendais la concierge chanter « V'là le cocu qui monte » — ça, je ne lui ai jamais pardonné. Si un jour je dois le revoir, je le tuerai. »

Que sa mère ait bafoué son père, voilà le thème autour duquel Samuel a tout cristallisé, allant jusqu'à s'identifier à cette mère haïe en bafouant à son tour l'autorité pour se venger.

En fait, Samuel a toujours été un enfant mal aimé, protégé par un père qui ne faisait pas la Loi chez lui.

« Je peux bien crever, dit-il, personne ne me regrettera. »

A l'arrière-plan, se profile l'ombre du frère cadet, enfant sage, aimé de tous... Samuel ne peut le souffrir, il lui en veut d'être le préféré de la mère.

Doué intellectuellement, cet adolescent *se* sabote, dans tous les exercices scolaires, comme si seul l'échec était souhaité. Très sensible, il est dans un perpétuel état de révolte et de persécution.

Sa délinquance vient là, pour témoigner au monde son état de mal aimé.

Toute psychanalyse dans le moment présent est refusée. « Tout ça c'est des conneries, le monde est con et je tiens à le leur *dire* »...

Cette parole, qu'il ne peut dire, ses actes sont là pour la traduire.[1]

Cas XX

René, 15 ans — renvoyé de plusieurs pensions et I.M.P. — « Il casse tout chez nous, vole, mettrait bien le feu et nous frappe. »

Le père réagit à ce comportement par des épisodes dépressifs.

Une sœur a quitté le foyer « On devient tous fous quand il est là. » La belle-mère menace de divorcer.[2]

A l'âge de 3 ans, René, cadet de 3 enfants, devient orphelin de mère. Jusqu'à 8 ans, il est élevé par une succession de bonnes et de tantes. « Il était si dur que personne n'en voulait. » — et c'est alors la ronde des consultations psychiatriques. A 8 ans, séjour de plusieurs mois à l'asile dans la section des hommes. A 9 ans, séjour dans un hôpital qui l'adresse à un I.M.P.

1. Le pronostic est sombre dans la mesure où l'enfant se refuse à toute investigation analytique.

2. Elle s'est mariée avec le père de René quand celui-ci eut 8 ans.

qui s'en décharge sur un autre, etc. A 15 ans, est rendu à sa famille.

— Que faire ? Une psychanalyse, il n'en est pas question. « Les psychiatres, ça me connaît, et je vous dirai pas un mot. »

La seule issue immédiate pour ce garçon, est une possibilité de formation professionnelle, et qu'il sache que le jour où il aura besoin d'être entendu, nous sommes disposés à l'écouter.

Actuellement, René sent le monde adulte ligué contre lui. Il a besoin de le mettre à l'épreuve et de mesurer par là jusqu'où l'amour de l'Autre pour lui peut aller.

La dépression du père, la panique de la belle-mère, la fuite de la sœur, la révolte des éducateurs ? C'est en quelque sorte l'expression même de la plainte de l'adolescent. « Voyez ce qu'elle a fait de moi, ma mère, en m'abandonnant à 3 ans. »

Tant qu'il y a un Autre à mettre dans un état d'inquiétude, René continuera...

Il n'en sera peut-être plus tout à fait de même, le jour où, seul, il sera responsable de son travail et de son gain, quoique nous puissions prévoir des relations compliquées d'employeur à employé.

Peut-être René deviendra-t-il vraiment délinquant ? Un psychanalyste est bien mal placé pour aider un sujet qui vient d'user une série de maisons avec leur équipe d'éducateurs et de psychiatres.

La psychanalyse, c'est bien avant 8 ans qu'elle aurait dû être entreprise. Peut-être même à 3 ans, à l'âge de l'éclosion des troubles.

J'ai cité ici toute une gamme de troubles allant de la difficulté caractérielle simple jusqu'à la délinquance caractérisée. Il suffit parfois d'un excès de malentendus pour faire d'un névrosé qui appelle à l'aide un délinquant qui la refuse.

Quand le symptôme est devenu la seule possibilité de communication du sujet, celui-ci y tient. C'est son langage, et il entend qu'il soit reconnu comme tel. Ou plutôt, il est décidé à ne livrer qu'un masque fermé, impénétrable, indéchiffrable pour celui qui n'en possède pas le secret.

Cas XXI Enfant perverse

Émilienne a 5 ans.

« On ne peut plus la garder au foyer. Elle a fait disparaître tous les bijoux de sa mère, a déchiré fourrures, carte grise et pièces d'identité — a démoli des appareils photographiques. On chiffre à près d'un million les dégâts faits par cette enfant en l'espace d'un an. »

Mère obsessionnelle, ayant élevé l'enfant avec hygiène, sans contact affectif aucun. A désiré *un* mari, pour avoir *un* enfant, tout en gardant *un* métier brillant.

Jusqu'à ce qu'elle ait 4 ans, dit la mère, « on oubliait qu'on avait un enfant ». Celle-ci fut en effet « prêtée » à une amie de cœur de la mère, et ensuite « reprise » après brouille avec l'amie. Il s'agissait, en fait, de relations homosexuelles inconscientes et la brouille n'en fut que plus violente.

L'image paternelle ne compte pas : c'est en vain

que le père essaye les premières années de s'opposer à ce que l'enfant passe tout son temps chez l'amie de la mère — d'autant que celle-ci le méprisait, comme elle méprisait tout être de sexe masculin.

A l'âge de 4 ans, l'enfant cesse d'être « prêtée » à l'amie de cœur de la mère, et vient prendre dans son lit le relais du mari. « J'ai besoin d'elle pour qu'elle me tienne chaud. »

L'enfant est cooptée en tant qu'animal, mais rejetée comme objet de tendresse. De tendresse, la mère ne peut en avoir, tout comme elle est étrangère à toute sexualité « de temps en temps on a des rapports, je m'en passerais volontiers ».

Le seul amour de la mère ce sont les *fleurs :* c'est quand l'enfant a commencé à s'attaquer aux fleurs, que sa mise en pension a été envisagée.

Émilienne n'est pas malheureuse, très douée, elle goûte du plaisir à voir « l'effet que ça fait quand je fais une bêtise »... Elle agit chaque fois de main de maître, jamais on n'a pu la prendre sur le fait.

La psychanalyse entreprise a été interrompue par la mère au bout de 3 séances. Pourquoi ?

Elle avait chargé Émilienne de m'apporter son hommage à elle (des fleurs). D'emblée, l'enfant fut l'instrument utilisé pour me séduire.

Quand j'eus fait remarquer à la mère que la fillette semblait venir, non pas en son nom (elle était plutôt négative à mon égard), mais aliénée dans le présent maternel, ce qui rendait alors impossible toute expression de parole authentique — il ne fut plus donné suite aux entretiens. L'enfant fut « placée » dans une Institution.

C'est parce qu'Émilienne se sent abolie sur le plan symbolique, c'est-à-dire dans le message-même qu'elle peut donner, qu'elle cherche à faire parvenir son message propre dans des entreprises systématiques de destruction.

Toute existence de sujet lui est en quelque sorte refusée. — Elle n'a de sens pour la mère que si elle sert son désir à elle.

Émilienne, petite bonne femme de 5 ans, garde au fond de ses mensonges, un calme, une assurance que ne possède pas le délinquant.

Très douée intellectuellement, elle devient rapidement une élève modèle. On ne peut la réintégrer, fût-ce un jour, dans le milieu familial, sans que l'entreprise de démolition recommence.

Cas XXII Phobie

Christian, 5 ans, ne peut quitter sa mère, pris de panique dès qu'elle se sépare de lui. Or, ce qui me frappe tout de suite, c'est à quel point ce comportement phobique est *induit* par la mère. « Tu vas rester seul pendant que je vais parler avec la dame. N'aie pas peur, mon petit cœur, personne de méchant ne viendra. » — Hurlements de l'enfant, jusqu'alors très calme.

Bébé, Christian était un petit vomisseur. Il fut ensuite confié à une nourrice inaffective qui ne parlait pas. Lorsque sa mère le reprend à 4 ans ½, l'enfant accuse un sérieux retard de langage. Au square, il refuse de jouer avec les enfants, « vous comprenez, il aime se battre, mais je ne veux pas ».

Le père de l'enfant a été marqué dans sa jeunesse

par un drame familial dont il ne veut pas parler. Il ne vit que pour son travail, est taciturne, sans amis.

La mère a des évanouissements depuis l'âge de 15 ans. Elle n'a aucune amie, le mariage l'a isolée de tous.

L'enfant s'est calmé ; quand je reconduis la mère, il s'occupe avec des illustrés que la secrétaire lui a donnés.

Je demande à Christian de me suivre pour bavarder avec lui. Il se lève sans difficultés, quand intervient à nouveau la mère : « Va mon ange, mon petit Jésus, on ne te fera pas de piqûre. »

— Hurlements de l'enfant.

Sans avoir examiné le sujet, je peux déjà enregistrer un type très particulier de relation mère-enfant : ce sont les fantasmes d'agression de la mère, qui plongent l'enfant dans l'angoisse soudaine d'être agressé, d'où fusion avec la mère dangereuse pour éviter toute menace.

Au cours de l'entretien, Christian m'apprend qu'il est énurétique.

— Ça t'ennuie ?

« C'est maman qui s'occupe de ça, pas moi. »

L'enfant admire son père, mais il apparaît comme trop lointain, et Christian sent bien qu'il ne concerne que la mère seule.

Toutes les figures féminines du T.A.T.[1] sont vues

1. *T.A.T.* (Thematic aperception test). Épreuve projective mise au point en 1935 par Morgan et Murray. En 1943, Murray en publie la forme définitive avec un manuel d'utilisation. Une traduction française du travail de Murray est publiée aux P.U.F., sous le titre « Exploration de la personnalité ».

comme méchantes « car elles sont contre les garçons et contre la bagarre ».

La nature du danger vient presque à la conscience du sujet. Il souhaite grandir et devenir maître de son sexe si on lui en laisse la possibilité.

Une psychanalyse peut aider l'enfant dans un démarrage rendu impossible par l'attitude hyper-anxieuse de la mère.

Par son symptôme, l'enfant exprime d'une façon assez nette l'anxiété maternelle. Nous pouvons même pointer en passant le sens de cette phrase « mon sexe concerne maman et pas moi ». — Cette mère, toujours au bord de la défaillance, reçoit ici de son fils un sexe masculin en cadeau. Un lien s'établit où l'un ne peut se passer de l'autre sans se sentir en danger.

Le thème fantasmatique construit par l'enfant semble bien tourner autour d'un refus d'entrevoir le problème de la castration chez l'Autre. A donner son sexe à maman, il l'institue comme mère puissante, mais cela entraîne chez Christian un refus de poser le problème de sa place à lui. Cette garantie de mère puissante, l'enfant la veut assortie d'une autre garantie : qu'elle ne soit pas dangereuse, cela, il peut se le prouver par ses appels à l'aide.

Pour garder l'amour de sa mère, Christian s'engage dans un jeu de leurre très particulier. Il y a complicité mère-enfant autour du symptôme, et refus de voir s'instaurer un ordre différent dans lequel la place du père serait marquée.

Christian est très désireux de s'identifier à un père valeureux, mais il a peur de laisser alors la mère seule aux prises avec ses évanouissements... et de risquer ainsi avec elle, Dieu sait quoi.

III RÉACTIONS SOMATIQUES

Cas XXIII L'incontinence

Charles, 6 ans, est amené pour incontinence. Le père de l'enfant passe la plus grande partie de l'année en Afrique. La mère vit seule avec ses deux enfants (Charles 6 ans et une fille d'un an). La vie de « femme au foyer », les longues absences du mari, l'ont « accablée ». « Si je n'avais pas eu d'enfants, j'aurais pu suivre mon mari dans ses déplacements. »

Désorientée, isolée, sans travail et sans amis, Mme X va faire payer aux enfants le poids de leur présence.

Charles n'a aucune liberté psycho-motrice. Instable, dérythmé, il est puni tant à la maison qu'à l'école. Cependant, rien n'a l'air de le concerner. « Il est blindé », dit la mère ; en fait il est « ailleurs » — ailleurs, même dans la conscience qu'il pourrait avoir de son corps. « Quand il va au W.C., ajoute-t-elle, il ne sait jamais s'il a fait ou non pipi. Il passerait la journée sans faire, si on ne l'y obligeait pas. » Mais voilà, on l'*oblige*, l'enfant accepte, tout en se dérobant : ce sexe le concerne tellement peu qu'il ne peut dire ce qu'il en a fait. Et puis, est-il nécessaire d'en parler ? Ce qu'il en fait, après tout, ne le concerne que lui seul.

L'incontinence nocturne devient un état de fait devant lequel l'enfant ne réagit pas. Pourquoi réagirait-il ? Sa seule manière de ne pas entrer dans le désir de la mère, n'est-elle pas justement de faire le mort, de prendre une distance vis-à-vis de ce corps qui concerne tellement la mère ? qui la concerne au point qu'elle ne lit plus, qu'elle n'existe plus hors de ses enfants. Charles, en réponse, n'a pas de pensées en dehors de sa mère. « Je ne peux savoir, puisque je n'ai pas appris les mots qu'il faut — on ne m'a pas dit l'idée que je devais avoir, alors je ne peux pas. »

Cependant Charles bavarde, bavarde beaucoup. Il s'entoure, dirait-on, d'une mer de paroles en guise de protection contre une situation ressentie comme dangereuse (relation à une mère interdictrice, sans intervention d'image paternelle).

« Je voudrais, dit Charles, devenir une grande personne comme maman. » Cependant, il s'oppose à elle, se rebiffe et la met au défi « Tu peux me claquer, je ne pleurerai pas. »

Le père existe cependant, l'enfant raconte ses voyages et ses exploits. Il est fier de lui, mais il reste une image masculine insituable : Charles n'arrive pas à s'accepter dans un devenir d'homme. Il reste volontairement en retrait, aussi bien sur le plan intellectuel, que dans une prise de conscience de son corps de garçon.

Le symptôme incontinence, est ici pour le sujet, l'expression d'un refus d'affrontement à une image masculine. « Mon corps, a l'air de me dire l'enfant, je le laisse à ma mère, moi je m'évade, c'est de cette façon que je suis à l'abri des menaces et de la peur. »

Seule une psychanalyse peut venir en aide à l'enfant.

Cependant la mère ne trouve que des larmes pour répondre aux propositions de cure.

Qu'est-elle donc venue chercher ? — Une aide pour elle-même à travers cet enfant qui témoigne de la détresse dans laquelle elle se trouve. Une aide ? — ce n'est même pas certain.

Elle ne sait plus pourquoi elle est venue, dès l'instant où quelque chose de positif lui est proposé. « Je n'en peux plus, et c'est au fils que l'on pense. »

Ce n'est qu'à travers ce fils que Mme X a pu poser son problème — sans être pour autant mûre pour une analyse personnelle. : Ce fils, elle en a besoin comme fétiche, pour traduire son chagrin. Si on le lui ôte, elle est prise d'angoisse.

On ne peut dans ce cas, en raison même de l'absence du père, qu'espérer que la mère puisse un jour accepter l'idée d'une existence propre, indépendante de celle de ses enfants. A ce moment-là seulement et à cette condition, la cure de l'enfant, voire l'aide à la mère, seraient possibles.

Cas XXIV Migraines

Monique est une enfant de 12 ans, amenée pour des *migraines* rebelles à tous les traitements. La scolarité de cette enfant intelligente, se trouve compromise.

Monique se présente à moi à travers ses ennuis somatiques : maux de tête à 6 ans, à l'entrée à l'école, en même temps que débute l'asthme. Cet asthme, l'enfant le relie à celui de sa mère et explique comment celle-ci vient la rejoindre au lit, les nuits où asthme et maux de tête sont trop violents.

Le père apparaît à l'écart, dans une famille où dominent la mère et ses parents à elle. « Il n'est pas chez lui, mon père, il n'a rien à dire. Il ne parle plus. Il oublie sa tristesse dans son travail. » « Plus tard, ajoute l'enfant, quand je serai mariée, je ne traînerai pas derrière moi mes parents, comme le fait maman. D'ailleurs elle a toujours besoin de quelqu'un, maman. Si c'est pas ses parents, c'est moi. Bien sûr, comme je suis tout le temps malade, elle en profite. »

Objet phobique, d'une mère non autonome mais autoritaire, telle se présente Monique. L'exclusion du père, elle la souligne lucidement.

« Tous les quarts d'heure ma mère demande si j'ai mal à la tête. Papa ne veut pas, mais c'est pas lui qui commande. Alors, ma mère m'interroge, me fait prendre des cachets, toujours pour mon bien, elle veut me faire quelque chose. »

Monique n'a pas le droit de faire du sport ou de la musique : tout lui est interdit en fonction de sa maladie organique. Monique n'a pas de désirs, elle *est* le désir maternel. Ses malaises organiques sont l'expression de l'anxiété de la mère. L'enfant, avec son corps, traduit une angoisse qui a sa place dans la mère. L'absence de père interdicteur introduit au niveau de l'enfant, l'absence de tout médiateur symbolique.[1] Ce

1. L'enseignement de Lacan a été centré en 1950 sur la distinction entre le symbolique, l'imaginaire et le réel. Il a étudié la position du Père dans la relation mère–enfant et dégagé les facteurs qui permettent l'accès à « l'ordre de la culture, du langage, de la Loi », c'est-à-dire l'accès à un monde chargé de sens. Ce point de repère qu'est le signifiant paternel constitue pour l'enfant un élément essentiel qui va lui permettre de quitter le monde clos maternel pour entrer *comme sujet* dans l'univers des signes.

qui ne peut être exprimé en paroles, est vécu en malaise corporel.

Monique semble entrevoir le danger en amorçant une anorexie : « Chez les autres je peux manger, mais pas chez moi. »

Mais, répond la mère, que faire « si elle me dit un jour : Chez les autres je peux vivre, mais pas chez moi » ?

Là se trouve en effet le nœud même du problème et la mère semble enfin vouloir bien en prendre conscience. « Je t'ai toujours dit, réplique le mari, que la petite te servait pour te soustraire à moi. » La mère pleure alors doucement, elle ne veut pas que tout cela puisse être vrai. Elle avoue enfin, à contrecœur, ses crises phobiques, et la façon dont elle s'en défend *à travers* ses enfants (l'aîné est caractériel, le plus jeune commence lui aussi une anorexie).

Une psychanalyse pour Monique ? Peut-être, mais, au delà de Monique, si la mère ne change pas, c'est l'équilibre familial tout entier qui risque d'être de plus en plus compromis. Les symptômes de Monique viennent ici comme signal d'alarme, annoncer un malaise qui se situe ailleurs.

Cas XXV Incontinence — maigreur pathologique

Arthur, 7 ans, dénommé par les siens « Bébé », est le deuxième de 4 enfants. Il ne destingue, dit la mère, « ni l'envers, ni l'endroit, ni la gauche, ni la droite ». Très déprimée pendant sa grossesse, la jeune femme a eu peur qu'il naisse idiot.

Élevé par une succession de nurses rigides, dans des

pays et sous des climats différents, Arthur « pousse » mal ; anorexique jusqu'à 3 ans, il n'acquiert la parole qu'à 4 ans. Le frère aîné, intelligent, est rejeté par les parents et ne vit guère avec eux (les grands-parents l'élèvent). Arthur se trouve ainsi seul garçon avec deux sœurs plus jeunes. C'est comme enfant malade qu'il a trouvé sa place dans la famille.

A l'examen, il se montre craintif, en état de panique, dès qu'une opinion personnelle lui est demandée. Il se ronge les ongles, le regard ailleurs. D'intelligence normale, cet enfant, âgé de 7 ans, a le comportement d'un retardé, tellement sa conduite est régressive. Toute affectivité est dépourvue de couleur, il y a absence de vie. Toute évolution virile est barrée : dans les dessins, les arbres sont coupés, les combattants n'ont pas de bras et les enfants sont vus sans mains.

Arthur a l'air d'une statue, plutôt que d'un être vivant — c'est comme tel qu'il a trouvé grâce aux yeux de sa mère (élevée sans père par un couple homosexuel).

Phobique, en larmes devant la moindre attaque des camarades, Arthur a beaucoup de mal à faire une évolution correcte.

Une psychanalyse est indiquée, mais elle ne peut se faire que si la mère accepte d'y être mise en question. La maladie organique de l'enfant colmate ici l'angoisse maternelle, c'est en langage de corps que l'enfant exprime ou signifie le désarroi de la mère. « Mon fils, c'est moi, on est pareils. » Cette phrase résume dans sa simplicité même, le lien mère-enfant dans ce qu'il supporte en puissance comme drame, incompréhension, malentendus et non-sens.

Dans tous ces cas, les pères sont absents, peut-être parce qu'ils ont déjà renoncé à se faire entendre.

Cas XXVI Anorexie — insomnie

Paul, 2 ans ½, est à la veille d'une nouvelle hospitalisation. Le pédiatre, devant la réticence du père, suggère une consultation chez un psychanalyste.

Dernier-né de six enfants, Paul est insomniaque depuis sa naissance. Il commence une anorexie au moment de l'examen. Né avec une allergie de la peau, il a commencé à dix mois des crises de violence envers lui-même : il se tapait la tête au risque de se faire mal (ceci coïncide curieusement avec la guérison de l'allergie). Du librium est donné à l'enfant, mais des spasmes du sanglot font ensuite leur apparition. Devant la mère affolée l'enfant tombe même en pâmoison totale avec émission d'urine. Le psychiatre consulté à cette époque laisse tomber ces mots : « Cet enfant vous cassera, Madame, si vous ne le cassez pas. Il n'y a pas de temps à perdre. » C'est dans un rapport de force que mère et enfant vont dès lors s'affronter.

Paul est alors âgé de dix mois : « A chaque crise, on le passe au bromure », ajoute la mère.

Comment y réagit-il ?

— Par une érection et masturbation à 18 mois.

Le psychiatre, consulté à nouveau, explique devant l'enfant, en quoi consiste l'érection et la douleur. Cette douleur *qui fait peur*.

Paul est alors âgé de deux ans. Il sort de cette consultation en retenant l'enseignement du médecin : c'est toutes les nuits que la mère va dès lors se faire réveiller par un enfant en érection qui lui dit « j'ai mal », et se rendort... après avoir pu lui « donner » cette parole.

L'équilibre nerveux de la mère s'en trouve compromis, et, pour qu'elle retrouve le sommeil, le bébé est envoyé pour 3 mois dans un home d'enfants. S'il y trouve (à l'instar de la mère) le sommeil, il en perd la parole.

Réintégré à 2 ans 6 mois dans sa famille, il recommence à parler, mais perd le sommeil et refuse la nourriture, faisant de l'opposition à tout.

Exclusif à l'égard de la mère, il n'admet pas qu'elle s'occupe d'un autre enfant que lui. Très vite, l'angoisse d'être renvoyé dans ce home, va s'exprimer en malaises somatiques divers, dont la laryngite striduleuse, qui engendre chez la mère la panique.

Devant cette angoisse que l'enfant a le don de faire naître chez la mère, celle-ci a l'impression confuse d'avoir déjà vécu quelque chose de cet ordre-là au cours de sa grossesse : « Dès le 5ème mois, j'avais le ventre de bois, des contractures telles de l'utérus que je croyais le perdre. A l'accouchement, il ne voulait pas venir, il a fallu le chercher. »

Et c'est dès le départ que Paul, rappelons-le, va se montrer vomisseur, insomniaque, opposant. Sa fragilité physique le destine à être l'objet de la mère, sans intervention suffisante de l'image paternelle. Les multiples consultations médicales créent une collusion d'adultes autour de l'enfant, en l'absence du père.

Quand la mère vient me consulter, l'enfant se trouve, rappelons-le, à la veille d'une hospitalisation pour une série de troubles psycho-somatiques (dont insomnie et anorexie) qui laissent les médecins perplexes. Le père est opposé à toute idée d'hospitalisation, comme il fut opposé à l'envoi de l'enfant en home d'enfants.

C'est autour du *thème du père* que va se dérouler l'essentiel des deux entrevues que j'ai avec la mère seule. Ce qui amène de sa part cette réflexion : « Avec mes aînés, j'oublie Paul, c'est quand il est difficile, que je me rappelle qu'il existe ».

Paul est très attaché à son père qu'il voit très peu. L'horaire de l'enfant est conçu de telle sorte qu'il n'a guère de contacts avec les adultes. La mère tient à respecter un programme établi arbitrairement, par peur « de se laisser avoir par l'enfant ».

Je donne à la mère les conseils suivants ;

1° — Liberté totale, tant que cette liberté ne gêne pas les autres (droit de ne pas dormir, de ne pas manger, de ne pas se laver, mais qu'un rythme de vie « à part » ne soit pas créé en fonction des caprices de l'enfant).

2° — Si Paul appelle la nuit, que ce soit le père qui se lève. « Fais ce que tu veux, mais laisse-moi avec ma femme, nous avons besoin de dormir. »

Sans que j'aie eu besoin de voir l'enfant, tous les troubles cessent comme par enchantement.

« Qui c'est ta femme ? » demande Paul à son père.

— C'est ta mère.

« Ah non ! c'est ma femme à moi. »

Une crise de laryngite striduleuse va amener ultérieurement un réveil des troubles anciens, et j'accepte de voir l'enfant.

Je le vois avec sa mère et je lui fais, en langage adulte, la synthèse de ses troubles depuis qu'il est né, mettant l'accent sur la situation à deux qui s'est créée ainsi avec la mère, et sur le caractère *pas commode* de l'absence de langage chez le bébé. L'enfant quitte alors les genoux de sa mère et commence avec moi un long dialogue auquel je ne comprends rien.

J'y réponds : « J'aimerais bien parler de tout cela avec papa. »

Ah, non. C'est Paul le grand chef.

Je réponds : « Non, c'est papa le grand chef. Il a cru que maman était trop vieille pour les fessées, c'est pourquoi il a laissé Paul et maman se débrouiller. Mais il sait bien, papa, que si ça va trop mal, il peut donner la fessée à maman et à Paul, tous les deux sont commandés par papa. »

— Ah non, maman gentille. Paul le grand chef de maman.

A la séance suivante (10 jour après), Paul m'apporte une lettre de son père très satisfait du changement, il note « un progrès ahurissant en conversation ». Entre temps, Paul fréquente la maternelle du quartier...

Spontanément, l'enfant amène le thème « C'est Paul le grand chef, il faut pas que papa commande ». A quoi la mère fait écho en me parlant de l'abandon total dans lequel l'enfant s'est trouvé à sa naissance : « Je me déchargeais de lui sur ma fille et sur les bonnes ».

L'enfant enchaîne : « Pas dormir, c'est pas gentil. »

Je réponds : « Ce n'est pas *mal* de ne pas dormir, c'est pas commode. » Suit tout un discours animé de l'enfant auquel je ne comprends rien, mais que j'enregistre...

Trois ou quatre consultations psychanalytiques ont suffi à éviter que ne recommence la ronde des hospitalisations et leurs effets névrotiques fâcheux.

Paul garde certes à sa disposition une facilité très grande de conversion psycho-somatique. A isoler la maladie, chez un enfant pour qui cette maladie a un sens dans sa relation au sein de sa famille, on provoque des malentendus, et on lui ferme une possibilité d'accès au monde symbolique.

Les symptômes de Paul ont disparu parce que l'analyste s'en est servi comme d'un langage, cherchant à introduire un sens, là où l'enfant s'était arrêté, figé par la panique devant l'ampleur de ses exigences libidinales. A culpabiliser ces exigences, on ne pouvait l'amener qu'à poursuivre le combat sur le terrain somatique, en accentuant les défenses. C'est bien ce que j'ai cherché à éviter.

Seul l'accès à la parole (en mettant à jour le vœu caché de Paul : être le grand chef de maman), a pu l'aider à prendre une distance à l'égard d'une angoisse vécue en malaise corporel.

Cas XXVII Mutisme

Raoul a 4 ans et ne parle pas. C'est le dernier d'une famille de 6 enfants. Gai, facile à vivre, il accepte les bagarres avec ses frères. Très actif, ses activités sont exclusivement calquées sur celles de sa mère. Il cherche à accaparer son attention et, hors de sa présence, a peur du noir, de l'eau, des animaux.

Une septicémie à 15 jours a handicapé l'enfant dans son évolution physique. Une séparation à l'âge d'un an pour raison de santé, a clos une période pénible où les soucis de santé du bébé captaient l'attention de l'entourage.

Il revient du home d'enfants ayant acquis la marche, mais n'utilisant guère ses bras, comme s'ils étaient pour lui un corps étranger gênant. A partir de 18 mois, s'installe une anorexie qui cède spontanément le jour où le père s'en mêle. L'enfant inaugure alors une période de colères bruyantes suivies d'endormissement. Les scènes cèdent facilement quand le père apparaît.

L'hypersollicitude maternelle se trouve heureusement contrebalancée par l'attitude stricte du père (cependant l'état maladif du bébé fait de lui l'objet électif de la mère).

L'examen de l'enfant est quasi impossible à pratiquer : lorsque je vois Raoul en présence de la mère, il suce son pouce, la parasite. Si je le vois seul, il se roule par terre, oppose un « non » tonique à toutes mes questions, les coups de pied alternent avec une attitude régressive. Quand je fais revenir la mère, il se trouve dans un état d'anxiété pathologique, il refuse toute activité et cherche refuge sur les genoux maternels, là il s'endort, recroquevillé sur lui-même, le pouce dans la bouche. Si je lui parle, Raoul se jette sur sa mère et pleure. Si je lui demande de dessiner, il tend papier et crayon à sa mère, pour que ce soit elle qui dessine. Il finit par me faire un bonhomme, représentation d'une image de corps morcelé. En pâte à modeler, tout est également morcelé. Le niveau intellectuel de Raoul semble normal, l'absence de langage vient ici accentuer une structure de grand phobique. L'enfant ne peut assumer son agressivité sous peine d'avoir peur de perdre sa mère.

De ses productions plastiques, qui étaient toutes, nous l'avons dit, des images de corps morcelés, le thème central était un disque surmonté d'un phallus *arraché* de son support. On peut se demander si la séparation précoce de l'enfant n'a pas été vécue par lui comme une mutilation impossible à assumer. Pour que la mère continue à vivre pour Raoul, il lui faut introduire entre elle et lui quelque chose de l'ordre de la mort (son endormissement, son mutisme). — C'est dans cette mort que le sujet trouve une possibilité d'éterniser son désir, il peut ainsi accéder au monde des symboles qui avait risqué de disparaître avec la perte de la mère. Ses colères et son rejet de la mère ne sont que l'envers du souhait de la présence maternelle. Si les colères avec la mère se terminent par l'endormissement (c'est-à-dire par une sorte d'union avec la mère), celles avec le père ont pour but l'introduction d'un troisième terme : une instance supérieure qui lui fasse la loi et le rende ainsi à son état de sujet.

Raoul recherche visiblement à être marqué par la menace paternelle pour qu'à travers elle, son désir puisse se formuler. Mais il se heurte alors à la mère qui craint pour son enfant malade toute intervention de la Loi, le privant du même coup de toute possibilité d'identification au père.

Le rôle d'une psychanalyse ici, serait justement d'amener l'enfant à poser correctement son Œdipe, en introduisant dans le langage, les désirs de mort ou de meurtre vécus au niveau du corps.

Ce n'est que dans une dialectique verbale que Raoul peut arriver à s'assumer dans un sexe de garçon, la parole prenant alors le relais d'un symptôme, pour en dépasser les effets névrotiques.

Les nouvelles reçues ultérieurement (de la psychanalyste qui prit l'enfant en charge) sont venues confirmer la justesse de l'appréhension psychanalytique du cas, telle qu'il me fut possible de l'obtenir en 1ère consultation.

C'est le jour où les vœux de mort ont pu être conscients, que l'enfant, très rapidement, acquit le langage, *et ce, à travers une phase d'inversion totale de sons.* Le jour où l'affrontement au père fut possible, Raoul abandonna une forme de dyslexie purement réactionnelle.

Cas XXVIII Retard de langage

Lina a 4 ans. Intelligente et vive, elle accuse un sérieux retard de langage. Son instabilité et ses troubles caractériels rendent problématique toute insertion scolaire. L'enfant a une sœur aînée de trois ans plus âgée qu'elle, grande phobique. Elle est née à un moment particulièrement dramatique de la vie de la mère (divorcée, sans logement, sans ressources). Non désirée, Lina pousse cependant sans histoire jusqu'à l'âge d'un an. Mise alors en home d'enfants à la montagne, l'enfant y perd sa gaieté. Elle y reste plus d'un an et y dépérit physiquement (sans que les médecins y découvrent aucune cause).

La mère récupère sa fille à 2 ans ½, couverte de furoncles et incontinente de jour et de nuit. Elle a trouvé entre-temps à se remarier. Lina partage une chambre avec sa sœur dans le nouveau logement. Une personne âgée s'occupe des enfants, et Lina retrouve peu à peu un certain équilibre, elle recouvre surtout la santé. De langage il n'y en a guère. La mère, très prise par sa participation à la vie professionnelle de son mari, ne s'occupe des enfants que le dimanche. « Ce jour, dit-elle, est pour moi un vrai cauchemar, Lina s'accroche à moi, ne me laisse pas un moment de répit. »

Les deux parents ont eu chacun une enfance triste, marquée pour l'un et l'autre par le divorce de leurs propres parents et par le quasi état d'abandon dans lequel ce divorce les a plongés. Peu faits pour être parents, peu mûrs pour l'être si tôt, ils ne supportent des enfants aucune contrainte.

Lina, fillette éveillée et stable dans ses jeux, est perdue sans la présence d'un adulte. Elle passe l'essentiel de son temps à casser les objets, à les perdre. Il s'agit en fait, de s'assurer par là, la pérennité d'une présence.

Une psychanalyse paraît ici indispensable afin d'aider l'enfant à dépasser une période traumatique (perte de la mère) où elle n'eut à sa disposition que son corps pour exprimer sa souffrance. (C'est, rappelons-le, en agression somatique que la séparation fut vécue.) Il lui manque actuellement encore le langage : le jour où, par la Parole, Lina pourra exprimer son désarroi (agressivité) elle n'aura plus besoin d'un adulte à parasiter pour se sentir en sécurité d'être.

IV DÉBUTS D'UNE PSYCHOSE

Cas XXIX Débuts d'une psychose

Noëlla, 4 ans, est l'avant-dernière de 5 enfants (les deux derniers ne furent pas désirés).

La mère, très prise par sa vie professionnelle, ne souhaitait pas avoir plus de trois enfants. Une 4ème grossesse la mit dans un état de dépression grave. « J'avais, dit-elle, l'impression que quelque chose se passerait. »

Dès la naissance, le bébé est séparé de la mère encore à ce moment là en traitement psychiatrique pour l'épisode dépressif qui, avec l'accouchement, s'est traduit en bouffée délirante.

Mise en nourrice, la petite a, dès le départ, des difficultés alimentaires. « Pour le reste, dit le père, c'était une mignonne qui ne bougeait pas. »

Quand l'enfant a 6 mois, la mère réintègre le foyer et reprend sa vie professionnelle. Enceinte peu de temps après (elle subit cette grossesse-là avec résignation), elle laisse Noëlla en nourrice, le petit frère l'y rejoint dès sa naissance. La mère a choisi ce moyen terme : accepter les grossesses, mais ne pas élever ceux qu'elle n'a pas voulu mettre au monde. Son mari, orphelin de père de bonne heure, s'occupe bien des enfants et est particulièrement attaché à Noëlla. Il lui passe tout, se laisse griffer, mordre. Il reproche à sa femme de ne pas l'aimer, pendant les rares moments où l'enfant vient chez eux.

« Que voulez-vous, me dit la mère, cette enfant-là ne

m'appelle pas, rien en moi ne me pousse vers elle. »
Gâtée pendant sa jeunesse, indépendante financièrement, Mme X ne put jamais se résoudre à devenir, comme le souhaitait son mari, « femme au foyer ».

« Être femme au foyer, avoir toujours un peu moins d'argent qu'on n'en a besoin, avoir toujours à priver les enfants et à se priver soi-même, c'est un piège dans lequel je refuse de tomber. On me dit mauvaise mère. J'assume au restaurant 30 repas par jour. Je ne suis presque pas aidée. Mon temps libre, c'est pour mes enfants. J'aurais voulu ne pas avoir tout mon temps libre mangé par eux. Lire un peu, rester en contact avec le monde. Les trois aînés je les assume. Les deux derniers, les suivants à venir, c'est au-dessus de mes forces. Si ma raison sombre, qui y gagnera ? J'habite un bourg isolé, mon mari n'est là que deux fois la semaine. Je suis capable de mener de front ce que j'ai voulu. J'ai l'impression maintenant, d'avoir à me battre pour me sauver, moi. »

« Cette petite, ajoute le père, a provoqué notre désunion. »

Et, à la faveur de cela, il me parle de son enfance malheureuse, de la perte d'un père « aimé des gens et des bêtes » — d'une tante infirme, qui remplaça pour lui une mère inaffective.

Que sa femme ne veuille pas éternellement procréer est ressenti par lui comme le signe qu'elle est, à l'instar de sa propre mère, une mauvaise mère. (La mise en pension des aînés évoque pour lui l'Assistance Publique... c'est-à-dire les prophéties de sa tante « ta mère est bien capable de te mettre à l'Assistance, maintenant que ton pauvre père n'est plus ».)

Le problème de Noëlla, enfant psychopathe, a tôt fait de s'estomper derrière le grave problème du couple. Et c'est le problème du couple que j'examinai au cours d'une entrevue de plus de 3 heures. Il importait avant tout de montrer au père le drame personnel qui se jouait à travers son enfant infirme — et de revaloriser à ses yeux une mère, névrosée certes, mais dont l'équilibre devait être maintenu dans ce qu'elle était capable de donner et d'assumer.

Noëlla portait le poids d'avoir été, par sa venue au monde, le signe de la discorde du couple. Ceci, la mère ne le lui pardonna point — et elle fut toujours, dans le couple, l'enjeu des disputes, l'objet d'un surcroît d'amour ou de haine. En réponse, Noëlla se faisait absente, totalement absente, à toute présence humaine.

Une psychanalyse de l'enfant s'impose bien sûr. Mais comment faire, à 300 km de Paris ? Tout ce qu'on pouvait faire était de ramener un peu de paix dans le cœur des parents.

Cas XXX Un enfant psychotique

Henri, 8 ans, m'est amené par un parent éloigné. Il est le dernier d'une famille nombreuse (tous les enfants sont mariés, sauf un grand arriéré de 25 ans, qui habite chez les parents). Henri est le petit dernier, il vit dans un bourg éloigné, entre des parents âgés, un père « absent », hanté par sa mort prochaine, une mère hyper-anxieuse, étouffant l'enfant de sollicitude. Il est le confident de la mère et participe à ses craintes, ses espoirs, ses rêves. Il a une place définie dans les fantasmes maternels.

Écoutons son discours :

« Papa devait être chirurgien, mais on a fait de lui un médecin général. Ensuite on lui a fait une retraite et il cultive des pommiers. Actuellement il est devenu médecin de la Sécurité Sociale. Mon frère de 25 ans a fait des progrès : il a appris à faire le ménage. Nous l'occupons, et il ne mène pas une vie enfantine. Ce n'est pas comme la tante de ma belle-fille. Elle ne sait pas lire malgré ses 40 ans, et joue à la poupée. Mon frère fait la sieste et prend des médicaments, moi aussi d'ailleurs : je suis fatigué, ce qui prend mauvais signe pour moi, j'ai soif tout le temps. Vous me direz ce qu'il faudra. J'ai aussi une chose curieuse, c'est mon père qui s'en occupe : il me met de la pommade. Chaque fois qu'il y a un monsieur qui tue sa femme, ma mère me l'annonce. Je lui dis, à ma mère : « Entre nous, pourquoi se marier, s'il faut se battre ? » Dans les rêves, c'est maman qui meurt, entre mon frère enfantin et mon père, je ne peux vivre. Alors on me donne à choisir avec qui je veux vivre. Si c'est avec ma sœur que vous connaissez ou avec ma belle-sœur. Un enfant sans parents, je comprendrais qu'il ait envie de partir avec sa fille.

« Les gens qui se séparent, c'est comme ça l'O.A.S. : des gens se battent, celui qui est embêté, ne veut pas se séparer, alors ça continue. Tandis que pour le divorce : rien à faire. On est eux deux dans une maison tout seul, pour toujours, le mariage c'est fait pour ça. »

Nous voyons Henri aliéné dans les préoccupations maternelles au point de ne plus pouvoir se situer dans une lignée : est-il le fils, la fille, le parent ou le compagnon de la mère ? Il est peut-être tout cela à la fois et, en tant que tel, perdu comme sujet.

Ce discours, ce n'est pas sa parole, c'est une parole impersonnelle, qui ne lui appartient pas, celle d'un autre, de tous les autres : il donne là un enregistrement dont il n'est pas l'auteur.

Dans ce discours qui ne lui appartient pas, l'enfant livre toutefois son drame, son drame de spectateur dans une famille qui a ôté tout sens à la vie. Qu'est-ce que le mariage ? « On est eux deux, dans une maison, tout seul pour toujours, le mariage est fait pour ça. »

Henri a, lui aussi, choisi une forme de solitude pour ne pas souffrir du rôle de guignol qui lui est attribué. Il est entré dans le monde de la folie.

Seule une psychanalyse peut le tirer de là.

Par chance, une parente est prête à le recueillir à Paris pour lui permettre la poursuite d'une cure. Les parents, eux, ne se rendent pas très bien compte de ce qui leur est arrivé. Ils ont déjà rompu avec les humains, la vie, la mort, c'est pour eux un même monde. Cet enfant les charmait, il vaut mieux qu'il parte, soit. Mais avec lui, c'est leur dernier interlocuteur qui part. Désormais, seul l'arriéré est là pour recevoir leurs confidences et cultiver avec eux les fleurs et les plantes de la propriété.

Trente consultations... Les parents me sont tous adressés par des médecins, pédiatres ou psychiatres qui, un jour, devant tel enfant, ont hésité à poursuivre une cure traditionnelle. Ils se sont posé la question de savoir ce que le symptôme pouvait recouvrir comme tensions ou comme drames. « Il faut, leur dit-on, faire faire des tests à votre enfant. Après on verra ce qu'il y a lieu de faire. »

Des tests, pourquoi pas ? Ne s'agit-il pas, dans l'esprit du public, de quelque chose d'objectif, d'impersonnel, permettant de donner une réponse aux problèmes des parents, permettant même de décharger ceux-ci de tout souci. Des *textes,* diront certains, c'est-à-dire une règle écrite, qui viendra se substituer à la Loi Parentale. L'instance Supérieure, c'est à cela que les parents ont recours, tout prêts à démissionner ou à passer leur charge à un autre Responsable... « Cet enfant, ont-ils l'air de dire (c'est-à-dire notre angoisse), occupez-vous-en. »

Je suis psychanalyste. Cela m'a marquée à jamais dans mes relations avec les êtres. Je ne crois pas aux instruments de mesure, ou plutôt, je ne les emploie qu'au cours d'un entretien ou, disposant de tout mon temps, je cherche avant tout à saisir, à comprendre, le discours de l'Autre. C'est à travers le mensonge, qu'une certaine vérité peut être saisie. Vérité d'aujourd'hui qui ne sera peut-être plus celle de demain, mais vérité en mouvement, à la recherche d'une authenticité. C'est cela que j'ai essayé de livrer dans les pages qui précèdent. Essayons maintenant, au-delà de la sécheresse de ces notes recueillies, de dégager un sens.

CHAPITRE II

LE SENS DU SYMPTÔME

J'ai groupé au hasard les entretiens qui précèdent d'après *le motif de la consultation.* Il s'en dégage un classement forcément arbitraire (puisque la plainte parentale recouvre souvent des symptômes plus sérieux, ou tout au moins différents de ceux qui motivent la consultation), classement que je vais néanmoins respecter pour la commodité de l'exposé.

Au hasard de mes fiches, j'ai fait apparaître le problème des *difficultés* scolaires, celui des *difficultés caractérielles* (allant des troubles du comportement jusqu'à la conduite a-sociale et la délinquance). J'ai effleuré la question de la *perversion,* la *phobie,* j'ai abordé des cas de *réactions somatiques* et le problème de la *psychose.*

Ces enfants, répétons-le, je les ai vus en première consultation, c'est dire l'insuffisance du matériel pour en traiter ensuite d'une façon théorique. Mon intention n'est évidemment pas de développer ici la théorie psychanalytique des névroses et des psychoses, mais plutôt de cerner une question que les psychanalystes eux-mêmes sont amenés parfois à négliger. En psychanalyse d'enfants, lors de la première consultation, on est soumis à la demande des parents, qui peut être urgente et pressante. On a tendance alors, vis-à-vis des parents, à glisser vers une position de psychiatre ou de psycho-pédagogue, au risque de laisser échapper la dimension essentielle, qui est justement l'appréhension psychanalytique du cas. C'est de sa place d'analyste que le consultant peut éviter des orientations hâtives, des placements précipités, qu'il peut essayer de faire entrevoir une vérité là où la place est occupée par un mensonge. Encore faut-il pour cela qu'il atteigne à une compréhension suffisamment approfondie de la situation familiale. Toutes les consultations n'aboutissent pas à l'indication d'une psychanalyse, mais dans toutes, il est certainement possible de sauvegarder la dimension psychanalytique, voire de venir en aide ainsi au pédiatre ou au médecin de famille qui a la famille en charge.

Souvent, c'est dans un deuxième temps que les parents pourront d'une façon correcte formuler leur question, d'une manière qui permette l'entrée du sujet dans une psychanalyse.

Mes notes, prises à l'issue de la première consultation, résument, disais-je plus haut, dans leur sécheresse même, une *situation*. J'ai essayé d'en rendre compte. Je voudrais à présent, essayer de comprendre ce qui dans cette situation a pu déterminer au niveau de l'enfant, tel ou tel trouble. Il est courant d'entendre dire, qu'à tout enfant-problème, correspondent des parents-problèmes. Il est rare en effet qu'on ne perçoive pas derrière un symptôme, un certain *désordre familial*. Cependant, il n'est pas certain que ce désordre familial ait, par lui-même, une relation directe de cause à effet avec les troubles de l'enfant[1].

Ce qui apparaît comme nuisible au sujet, c'est le *refus* des parents de voir ce désordre, leur effort *en parole,* pour y substituer un ordre qui n'en est pas un.

Ce n'est pas tant la confrontation de l'enfant avec une vérité pénible qui est traumatisante, mais bien sa confrontation avec le « mensonge » de l'adulte (c'est-à-dire son fantasme). Dans son symptôme, c'est bien ce mensonge qu'il présentifie. Ce qui lui fait du mal, c'est non tant la situation réelle, que ce qui, dans cette situation, n'a pas été clairement verbalisé. C'est le *non dit* qui prend ici un certain relief.

A travers la situation familiale, mon attention va donc se porter sur la *parole* des parents et sur celle de la mère en particulier — car nous allons voir que la position du père pour l'enfant va dépendre de la place qu'il occupe dans le discours maternel. Et ceci a une importance pour la manière dont l'enfant va pouvoir, dès lors, poser correctement ou non son Œdipe, accéder ou non à des processus réussis de sublimation.

Essayons maintenant de revoir les cas présentés dans le précédent chapitre.

I DIFFICULTÉS SCOLAIRES

Écoutons d'abord le discours de la mère :

1. Si ce désordre, dans sa *réalité,* était la cause directe des difficultés de l'enfant, l'attitude psychanalytique serait bien inutile, puisqu'il suffirait de corriger une situation défectueuse en conseillant des mesures réelles. Or ce genre d'intervention est sans efficacité dans les cas qui relèvent de la psychanalyse.

« Dire, ajoute-t-elle, que j'ai un frère ingénieur et que j'ai un enfant comme ça. » (cas I)

« L'aîné, me dit-on, c'est le fils du père, il est brillant. Le cadet, c'est le fils de la mère, et moi j'ai tout commencé et rien fini. » (cas II)

« Quand je suis dépressive, ajoute une autre mère, je l'aide dans son travail, mais il ne veut plus de moi... Son père, si vous saviez, comme il est mou, absent, fatigué, bon à rien. » (cas III)

« Lorsqu'on sait tout, avoue Bernadette 6 ans, il y a la mort au bout. » (cas V)

« Mon mari, c'est un vieux pompon. » « On n'a pas idée, ajoute la fille, d'avoir épousé un garçon comme ça. » (cas VI)

« Je vous amène ma fille, sur indication du Dr X, sans le consentement du père. » (cas VII)

Ces échantillons sont trop minces, pour que nous puissions, à partir de là, faire une étude exhaustive du problème des troubles scolaires. Je l'ai dit, dès le départ : telle n'est pas mon intention. Je souhaite arriver à mettre uniquement l'accent sur un certain *climat* que l'on retrouve généralement dans toute situation névrotisante.

Qu'est-ce qui nous frappe ici ?

D'emblée nous sommes introduits (par le biais du « symptôme scolaire ») dans le monde fantasmatique de la mère. L'enfant a pour mission de réaliser ses rêves perdus. Son tort est bien souvent de ne pas accepter de se mettre à la place qui lui est désignée d'avance. Car s'il jouait le jeu de la mère, il se trouverait immédiatement en butte à d'autres problèmes bien plus graves, notamment celui d'un Œdipe impossible. C'est ainsi que François (cas I) refuse l'image de l'oncle maternel (proposé comme idéal du moi par la mère), axant, comme par hasard, ses difficultés sur les mathématiques. Toutefois, par culpabilité, il s'identifie à tout ce qui, dans la mère, est infirme, se mettant en fin de compte sous sa dépendance à elle, plutôt que sous la Loi du père. L'identification à une image masculine apparaît impossible, en fonction même de la démission paternelle. « Je veux la paix », dit le père, laissant ainsi sa femme seule maîtresse du destin de son fils.

Résigné, vieux avant l'âge, tel apparaît François. Ses échecs sont une manière maladroite de se défendre contre l'emprise de la mère. Une manière maladroite, puisqu'en fait, il était devenu « son » objet exclusif de sollicitude.

Couple parfait ? — aux yeux du monde, certes. Ce qui était tu, c'était la place impossible réservée par la mère à son mari. « Il aurait fait un bon curé timide. » C'était inviter l'enfant à mettre en question la position du père et la sienne propre. Pour ce faire, seule une aide psychanalytique pouvait être vraiment efficace, encore eût-il fallu que la mère pût la supporter. L'enfant, dans ce cas, était prêt à s'engager dans un circuit où serait incluse pour lui une image masculine structurante ; mais la peur de rendre, par sa propre guérison, sa mère malade, le renvoyait à une place qu'il aurait souhaité quitter. Ce père était certes quelqu'un de valable, mais il avait déjà, pour l'enfant, comme renoncé à vivre. Il se voulait dans une paix totale qui avait déjà l'avant-goût de la mort.

Rappelons ici comment l'entretien a mis l'accent sur l'histoire même de la mère qui, non marquée par un père mort trop tôt, ne fut pas disponible pour laisser en elle parler son mari. Quoiqu'elle s'en défende, elle lui préférait sa mère, mettant en fait son fils à la place mineure qu'elle occupait, elle, dans son enfance. L'image du frère idéal se trouvait ainsi sauvegardée même à travers le fils. Pour celui-ci, toute identification masculine était refusée. « Je ne suis donc pas idiot » répond l'enfant, après verbalisation par moi, du contenu fantasmatique de l'histoire familiale. La consultation n'a certes pas été inutile. Elle a mis en lumière aux yeux de François, la fragilité d'une mère toute-puissante, et le rôle impossible qu'il était tenu de jouer dans ce contexte familial. Mais, pour que les parents acceptent l'idée d'une analyse pour leur enfant, encore faut-il qu'ils aient le courage d'être délogés (par leur fils) du confort que donne la complicité du mensonge.

Nous avons vu (cas II) que les difficultés scolaires de Victor cachaient un conflit de jalousie avec le frère aîné qui, par ses réussites accaparait toute l'attention du Père, barrant ainsi au cadet, croyait celui-ci, tout accès au monde paternel.

Cette situation de frères ennemis n'a pu toutefois s'installer que par suite de la maladresse de l'entourage, figeant dans la réalité l'aîné et le dernier enfant dans un statut inamovible. L'un se trouvant désigné *aux yeux des autres,* comme fils du père, l'autre comme fils de la mère. Si, pour l'aîné, la voie de l'identification masculine se trouvait toute tracée, il n'en était pas de même pour Victor. Renonçant à être emprisonné dans les limites maternelles, il cherche dans une conduite de faux dur, une affirmation virile, comme s'il essayait ainsi de détourner de lui la fatalité du destin. En fait, nous avons vu que ce dont Victor a peur, c'est de devenir un raté, reflétant par là l'angoisse parentale; « il ne rappelle à mon mari que ses complexes », me dit la mère...

Toute idée de psychanalyse est, bien sûr, refusée par le sujet, comme s'il s'agissait là de l'aveu même de sa faiblesse.

C'est ce genre de conflits qui engendre malheureusement les conduites a-sociales, faute, de la part de l'entourage, d'avoir su à temps en apprécier la gravité.

C'est à l'âge de 7 ans, qu'il aurait fallu s'inquiéter de l'état de Victor. Actuellement l'adolescent, aigri par ses échecs, et par un avenir scolaire nettement compromis, a amorcé des défenses d'allure obsessionnelle. C'est la réponse qu'il apporte. Il est loin d'accepter qu'on la mette en question. Alors que Nicolas (cas III), en proie à des difficultés en apparence identiques, est prêt, au même âge, à se faire aider, et même à rompre avec un milieu familial ressenti comme pathogène. En fait, la situation des deux garçons est entièrement différente. Si Victor a grandi comme un étranger pour son père, Nicolas s'est toujours senti très proche du sien. Sa chute scolaire ne s'est produite qu'à l'âge de 15 ans, en écho, rappelons-le, à l'incapacité de la mère de faire son deuil (en perdant sa sœur elle a perdu tout désir de vivre). En fait, un concours de circonstances a provoqué chez les deux parents un épisode dépressif aigu avec une angoisse de mort, insupportable à vivre pour Nicolas. Il ne demande qu'à fuir cette atmosphère lugubre, seule une culpabilité le retiendrait au foyer. Il sent confusément qu'il est pour ses parents leur raison de vivre, mais il perçoit comme eux que s'il devient l'objet utilisé pour colmater leur angoisse, il est voué à l'échec.

Le symptôme de la chute scolaire est en fait un cri d'alarme poussé par un adolescent qui appelle à l'aide. Les parents de Nicolas, contrairement à ceux de Victor, sont conscients d'un danger et c'est même, paradoxalement, à travers la détresse de leur fils qu'ils acceptent pour leur compte à eux, un traitement psychiatrique — mais pour qu'ils se sentent conscients de leur propre drame, il a fallu que leur fils, l'exprime.

Les difficultés scolaires bruyantes de Martine (cas VI) ne sont intervenues que pour mettre à jour une situation familiale impossible. Elles sont, pour la jeune fille, un appel au père afin qu'il la reconnaisse, fût-ce dans le scandale ; pour la mère, une sorte d'avertissement l'obligeant à se démasquer. « Mon mari c'est un vieux pompon. » « On n'a pas idée, répond la fille en écho, d'avoir épousé un garçon comme ça »... Il s'agit presque pour Martine d'une invitation à divorcer adressée à sa mère.

Il a fallu cette crise pour que cette dernière se rende compte de quoi il était effectivement question au foyer.

C'est par une même chute scolaire, doublée de troubles nerveux, que Sabine désigne le mensonge des parents. « Voyez, a-t-elle l'air de dire, la place impossible que j'occupe dans le cœur de ma mère — place impossible dans la mesure où j'en suis venue à remplacer pour elle, mon père. » Le caractère d'urgence met ici l'accent sur un seuil de tolérance plutôt que sur la gravité du mal. C'est pourquoi il importait, à la première consultation, que je rompe, par mon appel au père, un processus de complicité mère-médecin, mère-professeur qui faisait de cette fillette l'objet exclusif d'une mère névrosée. Le refus du père de faire entreprendre une cure psychanalytique est, dans ses conséquences, moins grave que l'entrée dans cette cure en complicité avec la mère-médecin contre le père ; c'eût été créer pour l'enfant une situation pervertissante, sans autre issue pour elle que la naissance de nouveaux symptômes qui semblent venir là comme autant de messages adressés au père afin de lui signifier ce qui lui est tenu caché. C'est cette prise de conscience de quelque chose qui pourrait être vrai (mais qui ne lui a pas été formulé) qui a provoqué chez Bernadette (cas V), ce brusque refus scolaire sous la forme d'une crise phobique. Elle nous dit en clair, rappelons-le que l'apprentissage scolaire, le *savoir,* constitue un danger.

« Lorsqu'on sait tout, il y a la mort au bout. » La question du *Nom du Père*[1] fut en effet soulevée devant elle, je dirais presque pour elle, à l'école. Comment le dire à la mère, sans qu'elle en meure de chagrin ? Telle est la question posée par Bernadette (à sa mère) au moment où un malaise se fait sentir dans

1. Comme nous l'avons vu P. 67 l'enfant, ayant été reconnue par le père, portait son nom. Jusqu'à son entrée à l'école, on l'appelait du nom de sa mère. L'entrée à l'école va coïncider avec la révélation du *Nom du Père* et de ce que cela implique.

leurs relations. Ce témoin qu'elle cherche à son malaise c'est en la personne de l'analyste qu'elle l'a enfin trouvé.

Il lui fallait un tiers pour que sa question prenne forme. Quelques mois d'analyse ont permis à cette enfant de sortir de ses difficultés (il est même certain qu'il lui a fallu cette crise phobique pour pouvoir poser son rapport impossible à la Loi).

Nous avons vu, au cours de ces entretiens centrés sur les difficultés scolaires, à quel point le symptôme est un langage qu'il nous appartient de déchiffrer. Le sujet pose sa question par l'intermédiaire de ses parents, pour eux ou contre eux. L'appel à l'opinion vient là presque à son insu[1]. L'angoisse en est le moteur, le symptôme apparaît comme une solution. A d'autres moments, comme un appel à l'aide. Dans tous les cas, il s'agit, pour le sujet, de la recherche d'une reconnaissance — je dirais presque, d'un essai de s'affirmer au sein même d'un symbole.

C'est pourquoi il importe, pour le consultant, d'entendre ce message au niveau où il est effectivement posé (niveau symbolique) et de se garder du danger de fermer une possibilité de dialogue en intervenant au niveau du réel[2] (c'est-à-dire en porte-à-faux) car c'est la porte ouverte à tous les malentendus.

1. A savoir, la recherche dans le discours de l'Autre, d'une réponse au sens de ses difficultés.

2. L'intervention au niveau du *réel,* suppose que le consultant prend la demande des parents à la lettre, empêchant ainsi la question (qui sous-tend la demande) de se poser.

II DIFFICULTÉS CARACTÉRIELLES

Dans le premier chapitre, j'ai donné des exemples cliniques de gravité croissante d'enfants révoltés, mal aimés, incompris, toujours en détresse morale, dont l'attitude de protestation, à l'égard de l'adulte ou du monde, a fait, un beau jour, des délinquants. A ce stade encore, ils sont récupérables, à la seule condition d'être pris en traitement assez tôt, avant que le milieu de rééducation les marque peut-être à jamais, dans un rôle de hors-la-loi.[1]

Ce qui est en question chez ces enfants, c'est le vœu de voir leur désir reconnu par une lutte de prestige, faute d'avoir pu l'exprimer sur le terrain de la parole. C'est dans les symboles du symptôme (attitude caractérielle ou délinquance) que le sujet va dès lors s'exprimer. Ce qui se dégage de ces cas, c'est la manière dont ces enfants achoppent à une certaine phase de leur développement. Ils refusent d'être marqués par l'épreuve de la Loi, ou, comme disent les psychanalystes, par la menace de castration. Les effets de ce refus sont les diverses formes de conduite de protestation. — Mais la cause des troubles à étudier réside dans le rapport du sujet à ce qui, au cours de son développement, est appelé à le marquer, à le contraindre. C'est pourquoi, ce qui nous intéresse dans le symptôme, c'est non pas l'*objet* sur lequel les difficultés semblent canalisées,

1. C'est l'influence des autres délinquants ou caractériels qui est néfaste pour le sujet. Il risque de prendre l'habitude de se considérer comme solidaire des « opprimés » (ses condisciples) face à « l'oppresseur » (l'adulte, quoi qu'il fasse).

mais une certaine forme de relation au monde du sujet.

C'est le mérite de Lacan d'avoir insisté sur le fait qu'un symptôme s'adresse à une sorte d'anonymat, à « ce personne » ; qu'il sous-tend un désir, qui n'est pas désir d'un objet, mais « désir d'un manque, qui dans l'autre désigne un autre désir ».[1] C'est dire encore une fois, l'importance pour le psychanalyste de se garder d'intervenir sur le terrain de la réalité, afin de laisser au sujet la possibilité d'une dimension nouvelle qui le sorte d'une relation d'asservissement ou de dépendance à l'Autre.

Or, quand un enfant a des troubles caractériels, le consultant est, de divers côtés, sollicité à répondre par des recettes éducatives. Ici, plus qu'ailleurs, il importe de sauvegarder une dimension symbolique, d'aider le sujet à articuler sa demande, pour qu'il puisse lui donner un sens. On ne peut évidemment pas en une seule consultation dégager ce qui serait mis à jour au cours d'une psychanalyse, à savoir la fixation du sujet à tel ou tel signifiant lui servant à articuler sa demande. Mais on peut, en n'intervenant pas à un niveau pédagogique, laisser ouverte une question et, avec elle, la possibilité d'accès à une psychanalyse.

Cherchons à présent à comprendre le sens des symptômes caractériels et délinquants à travers les cas cliniques présentés dans le précédent chapitre.

« Je ne suis pas douée pour être femme au foyer. Je m'énerve, ce sont les enfants qui prennent », nous dit, rappelons-le, la mère de Thierry (cas IX).

1. Lacan : *Formations de l'Inconscient,* 1957.

On peut dire que l'enfant exprime par ses troubles le malaise maternel. Si la mère a réagi à la naissance d'enfants non désirés par un « énervement », cet énervement sous-tend en fait, une volonté de substituer son désir à celui des enfants. Thierry se sent coincé par une impossibilité à exprimer du négatif sans provoquer tout de suite un drame. Sensibilisé au rejet maternel, il est devenu, par compensation, le « dur » qui peut se passer de tous, mais qui, en réalité, traduit dans sa conduite un désarroi moral.

A l'inverse de Thierry, Lucien (cas X) est dépourvu de « mordant » pour devenir caractériel, il est l'objet passif d'une mère qui décrète « l'enfant, c'est mon affaire », « il (le père) n'a rien à voir là-dedans ». De désirs, il n'en a point, il ne demande pas à être reconnu. Cependant, un malaise existe, puisqu'il éprouve le besoin de le signifier dans des troubles anorexiques et phobiques. C'est même par là qu'il amorce un essai timide pour sortir du circuit maternel.

Catherine (cas XI) est, à l'instar de Lucien, l'objet exclusif de sa mère, mais d'une mère dépressive que son mari abandonna. C'est à cet abandon dans la mère, que l'enfant eut à faire, elle en supporta mal le poids. Rappelons ses propres paroles : « Je suis tellement tout pour elle, que lorsqu'elle n'est pas là, je ne suis plus rien, je fais tout brûler. »

L'échec de la relation de Catherine à sa mère a supprimé chez elle toute possibilité de relation au père — ce qui a fermé ensuite pour elle la possibilité normale d'identification féminine (faute d'avoir eu à se confrontter aux « insignes » du père). Les abandons, chez Catherine, ont été si précoces (rappelons le rôle traumatisant des nurses) qu'elle n'a pas su trouver plus tard en elle de quoi symboliser ce qui a joué comme privation dans ses demandes.

Pour Simon (cas XII), au contraire, toutes les demandes ont toujours été satisfaites, mais elles n'ont pas eu à se heurter au signifiant paternel (puisque la mère, rappelons-le, s'arrangeait pour tenir le père à l'écart de toute sanction).

Non marqué par les insignes[1] dont le père est le support, Simon s'est trouvé incapable de donner à ses demandes une signification autre que sur le plan d'une stricte réalité. Il n'y a pas de place chez lui pour une assomption de sa masculinité. Faute de père interdicteur, il reste l'adolescent éternellement insatisfait. Rappelons ici cette phrase : « Quand je m'ennuie, je casse les réverbères », c'est-à-dire, je mesure ma force à l'état brut, et je ne souffre pas de rencontrer un interlocuteur à ce niveau. Une psychanalyse a été entreprise pour Simon, mais elle s'est avérée difficile, car le sujet avait déjà trouvé une sorte d'équilibre dans des actes délinquants s'inscrivant dans une idéologie néofasciste. Ce père, auquel la mère l'avait soustrait, il avait essayé de le trouver à travers un mirage de force politique — à partir de quoi, une psychologie simpliste l'amenait à réduire toute demande au niveau des besoins, acceptant ainsi la violence et le vol.

En fait, il s'agit pour Simon, de trouver à tout prix un Autre qui n'accepte pas d'être marqué par la Loi

1. Insignes du père : ce que le père représente pour le sujet sur un plan inconscient, comme support symbolique.

(ce premier Autre, en fait, a été la mère, se dérobant toujours à la Parole du Père).

Cette complicité mère-enfant, qui aboutit, faute d'identification masculine valable, à des conduites délinquantes, on la trouve également entre enfant et grands-parents maternels (les cas XIII et XIV en sont une illustration). Les méfaits en sont identiques, car l'enfant non marqué par le père, est livré à tous ses caprices et à toutes ses exigences. Sa toute-puissance est le reflet de la toute-puissance maternelle. Il vit en quelque sorte emprisonné dans un rêve qui a parfois les couleurs d'un bon Western.

Ce même schéma familial, doublé d'une carence ou d'une inaffectivité maternelle, précipite des conduites a-sociales, qui sont en fait des revendications d'amour. Elles ne trouvent pour s'exprimer qu'une protestation bruyante. Mal installés dans leur crise d'opposition, ces enfants sont souvent prêts à se faire aider. L'absurdité ou la gravité de leurs gestes (incendie, accidents provoqués) est souvent l'équivalent d'un suicide. C'est à travers la mort de quelque chose ou de quelqu'un que ces sujets cherchent à faire naître un processus de symbolisation qui les aiderait à vivre (mais qui n'est peut-être rien d'autre qu'un essai pour éterniser leurs désirs).

Si le délinquant offre d'une part une certaine assurance et une persévération dans la volonté du mal : « Je n'aime que les voyous, je ne veux rien faire » (cas XIX), ce n'est que l'envers d'une détresse souvent poignante : « Je peux crever, personne ne me regrettera ». Nous pourrions ajouter à ceci : à quoi bon avoir des désirs, en l'absence d'un Autre. Puisqu'il n'y a pas d'Autre existant pour lui, il n'a aucune possibilité d'être reconnu comme sujet. A partir de là, rien n'a plus d'importance « tout ça c'est des conneries, le monde est con, et je tiens à le leur *dire* », à le leur dire à travers mes actes délictueux. Tel est, avons-nous vu, la position de Samuel (cas XIX).

« Les psychiatres, me dit René (cas XX), ça me connaît, je ne vous dirai pas un mot. » En fait, René n'a jamais été *entendu* à travers ses symptômes ; il a bénéficié de 7 ans de maison de rééducation. Rééducation qui a rendu impossible toute expression de la demande dans la parole, d'où le drame d'avoir devant soi, à 15 ans, un délinquant confirmé, parce qu'il a compris que seul son symptôme lui permettait une possibilité d'expression, ou plutôt de protestation, dans un monde ressenti par lui comme dangereusement hostile.

Cet exemple est pour nous plein d'enseignement. C'est dès l'âge de 7 ans que l'enfant entra dans le cercle de la première consultation. C'est faute d'avoir entendu à temps sa plainte et son désarroi, à travers ses crises caractérielles, qu'on est arrivé à en faire un révolté confirmé, qui d'après ses paroles « en connaît un bout du milieu médical »[1] et se trouve blasé, écœuré des médecins, éducateurs, assistantes sociales,

1. Il est évident que le milieu médical et celui des éducateurs a pris pour le sujet, sur le plan *imaginaire*, le relais de l'image paternelle. L'introduction d'un troisième terme (psychanalyse) aurait permis au sujet d'accepter ce milieu qui, *dans la réalité*, a fait l'impossible pour l'aider.

bref, de tout ce qui aurait pu être le symbole pour lui d'un essai de récupération ou de guérison. Cette angoisse que l'on retrouve au fond du délinquant n'existe guère chez le pervers. J'ai essayé de mettre le fait en lumière dans le cas XXI. Émilienne, enfant perverse, est abolie sur le plan symbolique, elle n'existe pas comme sujet, elle sert le désir maternel — en fonction de quoi, elle se livre en toute tranquillité à son jeu favori : la destruction en cachette des objets précieux et des fleurs. Il n'y a nul appel au secours, nul message à lui faire parvenir. Tandis que chez le délinquant, même le plus révolté, il y a semble-t-il toujours une lueur d'appel au secours qui se fait entendre au fond de sa détresse et de sa déchéance.

III RÉACTIONS SOMATIQUES

J'ai rapporté, au premier chapitre, deux cas d'incontinence (dont un associé à une maigreur pathologique), un cas de migraine chez une enfant asthmatique, un cas d'insomnie chez un allergique, insomnie suivie d'anorexie. C'est beaucoup trop peu pour traiter d'une façon pertinente ce problème (étudié d'autre part par des auteurs comme Balint, et, en France, Valabrega). Mais, comme je l'ai déjà dit, il s'agit seulement pour moi d'apporter un témoignage sur ce que le sujet peut apporter en première consultation. Ces enfants, venus avec des symptômes organiques, m'ont été adressés par le pédiatre, inquiet du nombre de consultations médicales dont ils avaient déjà été l'objet.

Ici, comme ailleurs, je me trouve bien vite confrontée à la parole de la mère : « Si je n'avais pas eu d'enfants, j'aurais pu suivre mon mari dans ses déplacements » (cas XXII). « Que faire, si elle (la fille), me dit un jour ; chez les autres je peux vivre, mais pas chez moi ? » (cas XXIV). « Mon fils, c'est moi, on est pareils » (cas XXV).

La maladie dans ces cas semble toujours être une *garantie* pour la mère contre ses propres tensions libidinales[1], elle s'inscrit dans un contexte phobique. Le symptôme de l'enfant masque l'angoisse de la mère ; la principale préoccupation de celle-ci, devient, comme Freud l'a remarqué pour l'hystérie de conversion, le combat contre le symptôme. Celui-ci sert parfois à la mère de prétexte pour se soustraire aux sollicitations du monde extérieur (la fragilité de l'enfant est invoquée pour ne pas voyager, ne pas sortir, ne pas travailler). A ne pas comprendre à temps la nature du symptôme dans la vie fantasmatique mère-enfant, on risque de le fixer et de voir le sujet se structurer sur un mode de défense obsessionnel, le bénéfice secondaire pour la mère étant la prolongation du refoulement. Mère et enfant échappent ainsi par la maladie à la situation de danger présente dans l'angoisse.

Lorsque la mère de Charles (cas XXIII) vient me voir, c'est pour me parler avant tout de sa solitude et de son regret d'être éloignée du mari « à cause des

1. La mère de Charles (XXIII) souffre de l'absence de son mari, la mère de Monique (XXIV) refuse les rapports sexuels avec le sien, la mère d'Arthur (XXV) vit dans la hantise d'être enceinte, la mère de Paul s'est sentie honteuse d'être enceinte alors que son aîné a 25 ans.

enfants ». Elle ajoute qu'elle souhaiterait travailler, mais qu'elle ne le peut pas « à cause des enfants, à surveiller, à soigner ». Elle ne trouve même pas le temps de lire, Charles accaparant tous ses instants par son incontinence. Il lui faut, à la limite, penser les besoins physiques de son fils[1], et nous avons vu comment la seule manière pour celui-ci de s'évader du désir maternel était de ne plus avoir de corps, ni d'envies. Le refus, de la part de la mère, d'une cure psychanalytique paraît ici d'autant plus curieux que le symptôme de l'enfant a déjà fait l'objet de tant de consultations médicales. Lui proposer quelque chose qui risquerait de réussir met brutalement la mère en face de son problème propre (à savoir son angoisse) ; « c'est trop tôt, a-t-elle l'air de me dire, ne précipitez rien, laissez-moi, pour un temps encore, à l'abri », à l'abri : protégée par le symptôme du fils.

Nous avons vu la gravité des migraines de Monique (XXIV) qui rendent à moitié infirme une filette de 12 ans (classes à temps partiel, absence de sports). L'asthme est partagé en commun avec la mère, de telle sorte qu'on ne sait plus qui inaugure la crise et invite à ce propos l'autre à partager son lit. Est-ce l'anxiété de l'enfant qui appelle la mère ? — Je ne le crois pas. C'est plutôt le contraire qui est mis en évidence, et c'est la parole de l'enfant qui nous fait saisir une certaine vérité. Rappelons-la (XXIV) : « Tous les quarts d'heure, ma mère demande si j'ai mal à la tête. Papa ne veut pas, mais c'est pas lui qui commande. Alors ma

1. La mère me dit : C'est moi qui sais quand mon fils a besoin de faire pipi.

mère m'interroge, me fait prendre des cachets, toujours pour mon bien elle veut me faire quelque chose. »

Si l'enfant peut tenir ce discours, avec une telle lucidité, c'est qu'elle amorce déjà, par son anorexie, une fuite hors de l'univers clos maternel. Le sens de ses difficultés ayant été expliqué au couple, en référence au monde fantasmatique de la mère, c'est *le père* et non l'analyste qui dit à sa femme « la petite te sert pour te soustraire à moi » (en fait, très souvent, pour se soustraire aux relations sexuelles).

Qui des deux a besoin ici d'une psychanalyse ?

— La mère, pour oser vivre avec son mari, alors qu'elle est aliénée dans ses propres parents — ou la fille, pour se sentir le droit de ne plus être pour sa mère un objet contre-phobique ?

La question n'est jamais simple dans ces cas où mère et enfant souffrent avec leur corps d'un malaise identique.

Pour Arthur (XXV), la solution n'est pas aisée. On est en droit parfois de se demander si la maladie de l'enfant n'intervient pas comme une pièce essentielle à l'équilibre de la mère : « Mon fils, c'est moi, on est pareils ». Une telle réponse évoque une situation où mère et enfant ont, sur le plan fantasmatique, quasi un seul et même corps. La mère est souvent bien plus atteinte que le fils, mais celui-ci paye dangereusement avec son corps la névrose maternelle. Le cas de Paul (XXVI) est intéressant dans la mesure où cette mère, relativement équilibrée, n'a pas eu d'ennuis graves avec ses autres enfants. L'arrivée d'un dernier bébé, au moment où les aînés sont en âge de se marier, a rempli la mère de culpabilité et de honte. « Que vont-elles dire (les autres femmes), à me voir encore enceinte à mon âge ? »

Et c'est dès les premiers mois, avons-nous vu, que Paul va manifester des symptômes bruyants (allergie de la peau spectaculaire, spasme du sanglot, insomnie et, plus tard, anorexie) en écho, semble-t-il, à l'angoisse maternelle.

Une relation phobique mère-enfant s'est créée, elle a cédé brusquement par l'introduction du père dans la vie mère-enfant. L'analyste, en aidant la mère à faire appel à un troisième terme (le père qui établissait la Loi pour elle et son fils), a permis à l'enfant et à la mère de ne plus continuer à s'interroger anxieusement sur leur désir réciproque et de mettre fin à une question qui ne pouvait que demeurer sans réponse (« Que me veut-il pour m'appeler ainsi ? »). A partir de ce moment, l'enfant a pu avoir des désirs hors de la mère, et la mère des occupations hors de cet enfant. La situation a pu se régler facilement parce qu'il s'agissait, rappelons-le, d'une mère relativement équilibrée, en désarroi passager, désarroi aggravé par les prédictions du médecin telles que les avait entendues la mère : « Cet enfant vous cassera, Madame, si vous ne le cassez pas ». Seul l'appel au père pouvait rompre ce rapport de forces, qui s'installa dès lors entre mère-enfant pour colmater l'angoisse de l'un et de l'autre devant leurs exigences respectives.

Ces exemples soulignent l'utilité, pour le pédiatre, du recours à une investigation psychanalytique quand les cas sont sérieux, et rebelles à tout traitement traditionnel.

La formation psychanalytique du pédiatre lui permet (comme nous le rappelle le Dr P. Benoît)[1] de faire face à des cas d'urgence où l'enfant, en danger de mort, est manifestement sauvé par la Parole du médecin (adressée au sujet ou à la famille). C'est en déchiffrant le secret inclus dans le symptôme, qu'on lui permet de s'exprimer dans un autre langage que celui du corps.[2]

IV ÉTATS PRÉ-PSYCHOTIQUES ET PSYCHOTIQUES

Si, dans les cas de psycho-somatisme, le sujet exprime en termes de malaise corporel des difficultés qu'il n'arrive pas à traduire en langage articulé ; le psychotique, lui, vit au niveau du corps toute menace qu'implique pour lui une relation à l'Autre.

Qu'y a-t-il de perturbé dans la mère, pour que la réponse du sujet à son discours soit l'aliénation ? Quelle place l'enfant occupe-t-il dans le mythe familial, pour être à ce point condamné à un certain rôle, dont rien ni personne ne puisse le déloger ?

Ce sont là des questions, parmi d'autres, qui s'imposent a moi lors de mes entretiens avec la famille du psychotique. J'ai relaté dans le premier chapitre, deux cas de mutisme psychogène. Si Raoul (cas XXVII)

1. Dans un ouvrage à paraître.
2. Ceci n'est évidemment valable que pour des cas spectaculairement graves (sans organicité franchement établie) ayant des relations perturbées avec un entourage pathologiquement angoissé. Le mérite du médecin est de savoir reconnaître le facteur névrotique à travers le danger réel de mort, c'est-à-dire de ne pas être dupe de la pure « organicité » du symptôme présenté.

a eu un démarrage physique pénible dès sa naissance, auquel s'ajouta (rappelons-le) une séparation d'avec la mère à l'âge d'un an, Lina (cas XXVIII) est née en bonne forme physique, et n'eut à souffrir, durant sa première année, d'aucune agression somatique. C'est à l'âge d'un an également qu'une séparation lui fut imposée.

C'est en fonction, semble-t-il, du premier rapport à la mère que la séparation chez l'un et l'autre va prendre une marque signifiante déterminante pour leur évolution future.

Raoul perd, avec la disparition de sa mère, l'interlocuteur de ses malaises somatiques ; la séparation lui permet de se refaire une santé, mais c'est en grand phobique qu'il réintègre le foyer familial. Il ne sait plus, d'autre part, quel usage faire de ses bras. Le traumatisme de la séparation est vécu en langage du corps (lequel perd toute fonction dynamique), mais Raoul semble avoir gardé en lui une possibilité de symbolisation. Il joue à rejeter la mère, pour s'attacher tyranniquement sa présence.

Lina, elle, n'a jamais existé pour sa mère. La séparation va provoquer une *détresse physique* : c'est dans son corps que l'enfant dépérit. Elle est rendue malade à sa mère. La présence d'une adulte stable lui permet de récupérer une santé, mais c'est par son *mutisme* qu'elle continue à exprimer sa détresse. « C'est un cauchemar, ces enfants », dit la mère. Elle ne s'en occupe, rappelons-le, jamais, excepté le dimanche et, ce jour-là, Lina s'accroche désespérément à elle, la mère ne trouve pour répondre à cet appel que des paroles de rejet. C'est à un couple de parents *abandonniques* que la petite se heurte, elle n'est pas, comme Raoul, « entraînée à vivre » par un père ayant une existence dans la mère. Son désarroi est plus intense, son opposition caractérielle la met malgré tout à l'abri d'une psychose. Elle cherche dans son rapport à l'Autre une possibilité de communication. Il ne serait même pas inexact de dire qu'elle existe agressivement, face à un couple dépressif, et que c'est sa manière de les obliger à être.

La grossesse a été pour la mère de Noëlla le signal d'un danger vécu au niveau de son propre corps ; « quelque chose se passera » se dit-elle... et peu de temps après se déclenche pour elle un épisode dépressif aigu.

Si Lina fut rejetée, Noëlla, avant même de naître, mit en danger la mère et fut la cause de la désagrégation du foyer. « Cette petite a provoqué notre désunion » dit le père. En fait, Noëlla hérite la charge de signifier aux parents leur propre malentendu. Elle occupe dans la fratrie, le premier maillon d'une chaîne où, à partir d'elle, les enfants à venir, d'après l'aveu maternel, ne seront plus assumés par elle. Noëlla, avant même de naître, met à l'épreuve la santé et la raison maternelles. Et c'est dans la faille de cette meurtrissure qu'elle doit se développer. Pour répondre au discours de la mère, l'enfant ne trouve rien que l'aliénation, elle se fait totalement absente, totalement indifférente à toute présence humaine.

Nous avons vu d'autre part comment Henri (XXX), dans son discours, exprime son aliénation. Je n'ai pu, dans ce cas, voir la famille, mais l'enfant a su admirablement la situer et on devine dans quel climat familial il a su choisir sa réponse psychotique.

Seule une psychanalyse peut, dans ces cas, tenter de ramener le sujet à la raison en désaliénant sa parole. Si Noëlla n'a pas de langage à sa disposition, Henri nous submerge d'un langage qui exclut toute parole susceptible de lui appartenir en propre.

Noëlla est peut-être une grande arriérée ? Comment être certain du contraire ? et est-ce bien utile ? A un premier stade, ne vaut-il pas mieux comprendre la place qu'occupe le sujet dans le mythe familial afin de pouvoir, s'il en est temps encore, lui donner une autre signification que celle assignée par la seule rêverie maternelle ?

Raoul et Lina vont pouvoir se sortir d'affaire avec une aide psychanalytique. Pour Noëlla, lors de la première consultation, quelque chose d'important a été compris par le couple parental, il pourra peut-être ainsi ne pas prolonger son malentendu. L'enfant, elle, est très abîmée, peut-être même condamnée à ne pas guérir, étant donné l'éloignement géographique des parents de tout centre psychanalytique. Henri, lui, a plus de chance, ce sont plutôt ses parents que nous laissons à leur nuit, je dirais presque : avec la mort pour compagne...

Les entretiens avec les parents d'enfants psychotiques peuvent se révéler aussi bien « poignants » que désespérément « vides ». Un enfant très atteint, deux heures de conversation banale avec la mère, une impossibilité à saisir quoi que ce soit dans la genèse du cas : tout apparaît comme normal. L'analyste cherche à confronter en vain une anamnèse « pauvre » à des résultats d'examen psychologique parfois tout aussi précaires, il hésite à poser un diagnostic... L'introduction de l'enfant dans la pièce suffit parfois à changer une situation, ou plutôt à la faire apparaître sous son véritable jour. S'il existe des enfants schizophrènes qui « parlent » en l'absence de leur mère, livrant un discours d'une richesse étonnante, nombreux sont également ceux qui n'ont même pas de langage à leur disposition. Séparés de leur mère, ils sont perdus, et elles sont perdues aussi, puisqu'elles sont incapables de se rappeler quoi que ce soit de pathologique dans l'histoire du sujet, hors de sa présence. L'entrée de l'enfant donne immédiatement à la mère une possibilité d'expression. Il y a d'abord la rencontre des corps : l'enfant cherche à s'enfouir dans le sein maternel, il se réfugie nettement en elle avant de prendre connaissance des objets de la pièce. La mère peut alors commenter la situation : « J'avais oublié de vous dire qu'il lui faut toujours un intermédiaire pour exprimer sa faim, sa soif, ses désirs ».

« C'est curieux, il suffit qu'il soit là pour que je me rappelle... Il a toujours été très entouré, à chaque bouchée de nourriture il se sauve. C'est la becquée qu'il veut, sur mes genoux. Comme il est malade, forcément, mon mari n'intervient jamais »...

Elle trouve, à d'autres moments, le temps de s'excuser : « Je suis si habituée que j'oublie combien il est tyran, on est content qu'il soit vivant, alors, le reste, on accepte tout ».

Ce lien si particulier mère-enfant, on ne peut toujours l'apercevoir d'emblée, ou plutôt, la mère n'est pas libre d'en faire part, hors de la présence de cet enfant. Sa présence lui permet d'accéder à une certaine vérité dans le discours. Quant à l'enfant, la présence maternelle lui permet de signifier à un tiers son mode de relation à l'Autre, c'est avec son corps qu'il nous montre comment il souhaite ne faire qu'un avec sa mère ; mais il s'agit d'une forme de parasitage à laquelle ils tiennent tous deux. La constatation de l'absence de père dans cette relation, si elle est évidente pour l'analyste, ne l'est guère pour le couple mère-enfant. Le traitement de l'enfant, s'il doit s'instaurer, ne peut se dérouler, dans ces cas, qu'en présence de la mère, tant le langage de l'un a besoin de l'Autre pour se faire entendre — et ce n'est très souvent qu'en cours d'analyse que le drame familial pourra être clairement entrevu. En première consultation, ce type de familles nous apporte une certaine réponse qui lui sert de solution à une situation. C'est cette réponse que, par bien des détours, il faut arriver à mettre en question, non sans difficultés d'ailleurs (car la « guérison » de l'enfant va changer une *situation,* ce que la mère inconsciemment refuse).

Enfants psychotiques, enfants arriérés, la première consultation peut être pour eux l'occasion d'entrer pour la première fois en dialogue à partir d'un discours adressé à personne, à partir même d'une absence de discours. C'est une situation familiale qu'il faut ici arriver à verbaliser, afin de démystifier des liens et mettre à jour une relation impossible, où aucune place n'est prèvue pour l'enfant en tant que sujet.

CHAPITRE III

LES TESTS

Si l'anamnèse, lors de l'entrevue avec les parents, permet au consultant de dégager une certaine structure familiale, l'entrevue avec l'enfant ajoute à la compréhension d'une situation et se révèle, la plupart du temps décisive dans le dialogue qui va ensuite s'établir avec la famille.[1] L'examen de l'enfant prend pour les parents valeur de témoignage. Ce sont des *textes,* diront certains, on pourra y lire, comme dans une radio, le tableau des déficiences, la cause du mal. « La mesure de l'aptitude » en vue du meilleur rendement possible est une idée chère au public, convaincu que le psychologue détient le secret d'une orientation réussie.

En anglais, le mot « test » signifie « épreuve », et c'est bien sous le signe de l'examen, que l'enfant place l'entrevue avec le psychologue. Au cours des 50 dernières années, l'effort des chercheurs s'est porté sur les possibilités diverses de mesure des aptitudes mentales ; l'intelligence n'est pas seulement jaugée quantitative-

1. En tant que non médecin, j'établis toujours le dossier de la première consultation (entrevue avec les parents, examen de l'enfant) à l'intention d'un psychanalyste médecin, d'un psychiatre ou d'un pédiatre. C'est eux qui sanctionnent en quelque sorte ce que je peux dégager comme perspectives. Ce travail d'équipe s'avère très précieux, il donne aux parents et à l'enfant le temps d'une mise au point, après une mise en question parfois pénible.

ment, mais analysée qualitativement. On cherche à apprécier avec précision les possibilités d'attention, de mémoire, du sujet. Des épreuves de latéralité sont d'autre part mises au point pour comprendre l'organisation dans l'espace de l'enfant, des épreuves motrices sont utilisées pour apprécier son développement moteur. Bref, il existe des possibilités multiples de « mesures » tant sur le plan intellectuel que pédagogique. A cela, est venue s'ajouter une gamme non moins considérable de tests pour apprécier le caractère, voire la « moralité » du sujet. Bref, on cherche de plus en plus à saisir sa personnalité, qu'on n'hésite pas d'ailleurs à évaluer à l'aide de critères statistiques. L'enfant, véritable animal de laboratoire, est presque mis en fiches selon des critères universellement reconnus. Il va de soi qu'un tel examen aura d'emblée une portée différente selon qu'il sera effectué par un psychologue ou par un psychanalyste. Il n'est pas dans mon intention de critiquer ici des acquisitions psychologiques de première importance. Ce que je vais faire intervenir, c'est la dimension psychanalytique, que seul le psychanalyste peut introduire lors de l'établissement d'un bilan psychologique. En effet, il ne peut pas ne pas être d'emblée sensible à cette « mise à l'épreuve » de l'enfant, et au danger qu'impliquerait toute quotation impersonnelle. Qu'il le veuille ou non, en tant qu'examinateur, il prend en quelque sorte place dans le fantasme parental. Cet enfant, on nous demande de le *nommer,* de le faire sortir d'une pénombre, pour en faire quoi ? — L'orienter, le traiter, bien sûr. Mais il ne s'agit jamais uniquement de cela. Il s'agit surtout, en le *nommant,* de dissoudre, par la même occasion, l'angoisse parentale.

L'enfant, figé parfois dans une sorte de panique, attend aussi la parole du psychologue, son verdict, comme une délivrance, de quoi ? — Ce n'est pas clair. « Vous allez me dire ce que je désire faire. » « Vous allez me dire ce que vous pensez que je dois faire. » Que l'examinateur le veuille ou non, on lui propose, à la limite, d'inclure cet enfant dans son propre fantasme fondamental, d'en faire le témoin de ses exigences personnelles. C'est justement dans ce piège-là qu'il faut s'efforcer de ne pas tomber.

L'enfant doit être aidé à se reconnaître — il importe pour cela que nous nous gardions de déclarer ce qu'il doit être (car, ce faisant, il prend la place du signifiant de l'Autre et il ne peut plus se signifier), nous ne faisons alors que perpétuer une certaine histoire familiale à l'égard de laquelle l'enfant, justement, n'arrive pas à prendre la distance nécessaire. A l'instar des parents, nous risquons de lui désigner une place, le vide qu'il est prié de combler. Ce vide, s'il est celui de l'Autre, il ne peut le remplir qu'au prix de distorsions intellectuelles, scolaires ou caractérielles. L'examen de l'enfant le plus anodin, met donc toujours immédiatement en branle des résonances familiales.

— Qui es-tu, toi qui viens me voir ?

— Tu vas me le dire, qui je suis.

— Pourquoi viens-tu ? Que désires-tu ?

— Rien, on m'amène, c'est tout.

— Qu'est-ce qui ne va pas à l'école, à la maison ?

— « Ils » ont dû vous le dire, non ?

— C'est par toi que je voudrais en savoir plus.

— C'est l'école, « ils » ne sont pas contents à la maison, je me fais attraper.

— Ça t'ennuie ?

— Forcément, on n'est pas content de moi.

— Tu veux bien qu'on essaye de voir ensemble comment on peut t'aider ?

— B'en oui.

C'est généralement ainsi que le dialogue s'engage avec un enfant qui, presque toujours, d'emblée, se situe par rapport au désir parental. « Que me veulent-ils donc, et que puis-je faire pour entrer mieux dans leur rêve ? », cette question implicite n'est que trop souvent le point de départ des entretiens. A la négliger, on omet une dimension essentielle. Les « tests » ne sont pour moi qu'un moyen et non un but. Je les utilise dans un dialogue, au cours duquel je cherche à dégager un *sens,* un sens, bien sûr en fonction d'un certain schéma familial. Et c'est donc au *discours* du sujet que je vais principalement m'attacher. C'est pourquoi je me refuse toujours à établir des examens fragmentaires. Le niveau du Q.I., la précision des troubles de l'attention, les difficultés dans le domaine de l'abstraction, un trouble scolaire défini, non, tout cela n'a de sens que situé dans une histoire.

Robert, 15 ans, a des troubles en mathématiques. La chute scolaire est telle que le Collège « l'oriente » en conseillant l'abandon des études... Le sujet est en 3ème. Niveau intellectuel au-dessus de la moyenne. Doué sur le plan de l'abstraction, mais nul scolairement, tel apparaît l'adolescent, figé d'autre part dans une structure obsessionnelle.

« Tout le monde est nul dans ma famille, dit-il un jour, j'ai eu un grand-père polytechnicien. Depuis, personne n'a pu y arriver. »

Que faire ? Le diriger vers les Lettres, en fonction de son inaptitude aux mathématiques ?

C'est une psychanalyse qui a été choisie ici, pour aider le sujet à sortir d'une identification à un père dont la valeur ne fut jamais reconnue par son propre père. Il y avait une fois un grand-père polytechnicien... Depuis, tout s'est arrêté, chacun s'est trouvé figé dans l'attitude que lui a conférée sa névrose.

Tant que Robert reste à la place désignée par le père, il ne peut en effet qu'échouer. Par son échec, il joue le conflit d'une autre génération. « Si mon père m'avait traité autrement, je ne serais pas « complexé » comme je le suis », dit le père de Robert, qui utilise à son insu son aîné dans des revendications stériles. C'est l'échec que Robert doit signifier ; cependant ce père rêve en même temps d'un fils qui, par sa réussite, le vengerait de son propre échec — d'où les crises de rage impuissante, et les drames familiaux autour des mauvaises notes. La verbalisation des résultats des tests se présente avant tout comme une remise en place, pour le père, de la signification des troubles de son fils. Par le biais de l'examen psychologique, a pu être dénoncée la place occupée par le sujet dans le mythe familial ; certes, nous n'apportions pas, pour autant, la guérison au père, mais nous le délogions d'un certain mensonge, ce qui permettait ensuite d'aider le fils à évoluer « pour son compte à lui ». Prendre à la lettre l'échec en mathématiques pour orienter le sujet vers les Lettres (ou vers l'abandon des études secondaires) c'est ne pas entendre le message inclus dans le symptôme, qui sert à garantir la fonction du père. La suite de l'histoire nous apprend en effet que le père, ébranlé par la réussite de ce fils en cours de psychothérapie, va jouer avec un autre de ses fils le même thème familial, le mettant également à la place du mauvais élève. Cette situation n'est en fait possible que parce que se profile de surcroît derrière l'image paternelle, la figure de la mère, bien plus fixée à son propre père qu'à son mari, mais ceci est une autre histoire. Il nous suffit, pour l'instant, sensibilisés d'être aux résonances inconscientes de cet examen psychologique pour pouvoir lui donner la seule dimension qui permette son utilisation éventuelle, à savoir sa dimension historique.

L'examen psychologique établi par un psychanalyste ne sera jamais un rapport rigoureux de « mesures intellectuelles ou scolaires », pas plus que la description d'un comportement. Ce n'est pas à travers la présentation du sujet ou à travers son rendement, que le bilan sera établi. Ce qui m'est donné, je cherche toujours à le situer dans une dynamique qui tient compte du jeu réciproque de la demande et du désir dans les liens parents-enfants.

A priori, je « n'oriente » jamais, et je suis toujours étonnée des « orientations » impératives données à certains. C'est l'échec de ces orientations qui nous permet de comprendre que le psychologue, en se prononçant au niveau d'une objectivation des résultats, a fait le jeu des difficultés familiales. « Réorienté », l'enfant se trouve parfois pris au piège, à l'intérieur d'un malentendu dont on ne mesure pas toujours assez la portée ou l'étendue. Le programme scolaire a été conçu pour tous, les causes d'échec méritent d'être étudiées avant toute proposition d'orientation. Il y a, bien sûr, les élèves doués, et les médiocres ; les « nuls en maths », les « forts en thème », et les dysorthographiques. Toute déficience scolaire ne signifie pas « perturbation affective ». La déficience intellectuelle existe et je ne prétends pas la nier ; je ne cherche pas non plus à mettre en cause un type d'orientation officielle qui, tenant compte du désir des familles, des possibilités de l'enfant, dirige celui-ci vers la section que l'on suppose correspondre le mieux à ses aspirations. Je mets en question toute orientation, tout examen, effectué sur un enfant aux prises avec des difficultés névrotiques. C'est en pareil cas que l'orientation risque le plus souvent de se faire à partir d'un échec, au lieu de se baser sur les possibilités réelles du sujet. C'est ici qu'un message est à entendre au-delà de toute mensuration.

La mauvaise organisation temporo-spatiale, l'incoordination psycho-motrice du sujet ne nécessitent pas automatiquement une rééducation. Il arrive que ce soit pour l'enfant son seul mode d'expression : « Voyez, a-t-il l'air de dire, ce corps qui ne m'appartient pas. Je n'en suis pas le maître, dès lors, peu m'importe ma position en un point donné de l'espace. Je vis sans points de repères. La boussole, c'est ma mère qui la détient. » Que désire ma mère ? est la question qu'il semble poser, mais il y répond en s'interdisant la motricité. Son corps se fige. Une étude plus poussée nous apprend, en effet, l'importance des fantasmes d'agression chez ces enfants pour qui le vœu maternel : « qu'il soit intelligent et agile » recouvre parfois un autre vœu : « qu'il meure ». A rééduquer d'emblée le seul symptôme, on court le risque de figer l'enfant dans une structure obsessionnelle, de telle sorte qu'il ne pourra même pas utiliser ce qui a été « rééduqué », d'où l'importance pour l'analyste d'arriver à dégager de l'anamnèse et des tests :

1. Le symptôme ayant valeur de message (et qui a besoin d'être entendu au cours d'une psychanalyse),
2. Le symptôme qui n'a pas valeur de message et qui peut être rééduqué sans perturber le sujet dans sa relation au monde.

S'il est utile de pouvoir à temps dépister les diverses formes d'inaptitude pour y porter remède, il est non moins important de dédramatiser de tels examens — ou plutôt de comprendre la portée psychologique de ces « mesures de l'intelligence » tant chez l'enfant qu'auprès de la famille. C'est toujours dans un certain contenu fantasmatique que ces résultats se trouvent en suspens. S'il peut être bénéfique de dire à un père : « Vous voyez, votre fils n'est pas ce que vous pensez, il est intelligent, même s'il se montre cancre en classe » — ceci ne peut être entendu que dans la mesure où l'adulte est disposé à écouter. Que de fois ne s'empare-t-on pas des fragments d'examen pour dire : « Je le savais bien, il ne peut être que ça » , c'est-à-dire : « C'est à cette place et non à une autre que mon fils ou ma fille doit rester, il ne me plaît pas que vous l'en délogiez. » L'enfant, de son côté, est sensible à tout verdict qui irait dans le sens de la condamnation parentale, c'est pourquoi la multiplication d'examens psychologiques dans l'établissement scolaire comporte un danger qui tient au caractère trop affirmatif donné aux conclusions par le psychologue ou l'orienteur. Après tout, nous ne le répéterons jamais assez, un « test » devrait être compris comme un essai (avec ses possibilités d'erreurs) et non comme un texte législatif ordonnant telle ou telle orientation.

Encore une fois, il ne s'agit pas ici d'une critique de la psychologie en tant que méthode de recherche, mais d'une mise en garde du public contre une vulgarisation trop simpliste des divers moyens d'investigation psychologique. Il y a toujours un risque à vouloir cataloguer un enfant en l'enfermant dans un cadre étroit de mesures ou d'observations expérimentales. On passe alors à côté de l'essentiel qui est quelque chose de l'ordre du rapport du sujet à son être. C'est au cours d'une analyse que va se révéler d'une façon saisissante à quel point le facteur « difficultés scolaires » fut artificiellement isolé comme « symptôme » à l'examen. En effet, on ne peut, comme je l'ai déjà souligné, comprendre la signification du symptôme qu'en dégageant la place qu'il occupe dans l'articulation des effets de la demande et du désir, supports de la relation du sujet à l'Autre.

« Je viens consulter pour pouvoir travailler »... que de fois n'entendons-nous pas cette phrase en milieu étudiant. En fait il s'agit, toujours d'un masque, cachant une vérité qui se situe ailleurs. Le désarroi du sujet déborde presque toujours le cadre des motifs pour lesquels il est venu consulter. C'est pourquoi il est bon de ne jamais les prendre à la lettre, mais de se tenir à l'écoute de ce qui, au-delà du symptôme, peut surgir dans un discours. C'est ainsi que Félix, après avoir formulé le désir de pouvoir travailler, fut amené ensuite à se poser la question « mais pourquoi faire des études ? » « pour devenir quoi ? ».

Son frère n'a-t-il pas, par ses échecs scolaires, « gagné » à bon compte, en étant pris dans les affaires du père ? — Qu'a-t-il donc à gagner lui, d'une réussite aux études ? Happé dans le monde fantasmatique de sa mère, il a l'impression que rien ne lui appartient en propre. Quand une orientation scolaire ou professionnelle est choisie par lui, il y réagit immédiatement par une sorte de dérobade, de non engagement, comme si le choix devait être assumé par un autre que lui-même. L'argent qu'il pourrait gagner est également dépourvu de sens, comme l'est tout désir sexuel. « Quand j'ai des désirs, ça donne des idées. Il y a moi au milieu mais tout ça ne communique pas ; et l'amour, ça peut aussi bien devenir de la mort. Pour moi, dans une envie, il y a aussi bien la mort que la vie et puis qu'est-ce que c'est que la vie ? ça n'a pas de sens, la mort, elle, a un sens. »

Dès l'instant où Félix gagne de l'argent, il se prive, ne va plus au spectacle, n'ose même plus boire un verre au café. Il a, à ce moment, vis-à-vis de ses besoins, la même attitude rigide que sa mère et se rend la vie impossible. Tout désir sexuel le plonge de même dans un état de panique, comme s'il se trouvait toujours pris dans une alternative d'agression (de soi ou de l'autre) ou de régression (fixation à un temps de son histoire avec, comme vœu fantasmatique, l'arrêt du temps et du monde). La cure, dans cette perspective, est ressentie comme un danger. « Je ne veux pas guérir trop vite, j'ai envie de freiner. J'ai peur que vous me jetiez dans un précipice. » Tout choix dans l'orientation des études est vécu comme un dilemme impossible. Ce qui se trouve en fait posé pour lui, c'est la nécessité et le refus à la fois de dépasser son père. « Je ne veux pas me sentir seul. Tout ce qui me manque est dans l'Autre. Pour être complet, il faut être deux. » Ce père qu'il n'a pas eu, il le crée, d'une façon paradoxale, en devenant plus faible que lui. Il cherche à nier l'impuissance de ce dernier en échouant. Cependant que, dans ses rêves, il sollicite l'intervention d'une image paternelle sévère qui le *chasse* de chez lui (comme s'il attendait ce renvoi à ses affaires pour exister en son nom propre). Félix, en effet, n'a jamais pu poser sa question dans la vie, ses parents ayant toujours pris à leur compte ses propres interrogations pour le mettre à l'abri de toute épreuve. Or, en rêve, il sollicite le droit d'en être marqué pour pouvoir vivre. « Fous-moi le camp », lui dit-on alors, et d'ajouter : « Pars, tu es né maintenant ». Ces paroles sont toutefois entendues par le sujet comme un avertissement à ne pas suivre, dans le sens même de la sur-protection maternelle. « Je suis certainement trop malade encore pour travailler », me dit-il, et il ajoute : « Je risque trop. »

« Un jour, lui annonce-t-on en rêve, tu devras abandonner ton père et ta mère pour ta femme et tes enfants » et Dieu pour le soutenir lui donne alors des gouttes pour voir clair...

— Quelle référence avoir ? est la question que se pose ensuite le sujet — puisque dans son histoire, la parole du père est restée toujours lettre morte, faisant de lui un être mort, toujours à attendre en vain un appel du dehors. Rien n'est possible, croit-il, puisqu'à un certain moment le départ ne lui fut pas signifié. Il cherche alors à s'immobiliser dans une relation de dépendance pour se persuader qu'il a toujours été pourvu d'un père, ce qui lui permet de nier, par la même occasion, le manque de père.

Cependant, grâce aux progrès de l'analyse, Félix comprend que tout cela n'est qu'un leurre et il laisse alors échapper ces paroles amères : « Même Dieu m'a laissé choir. Pour moi, Dieu, c'est une vieille femme qui m'a voulu sans corps ni sexe. » Ce maître à vivre que Félix semble chercher dans ses rêves, il a besoin aussi en quelque sorte de s'en débarrasser pour devenir un sujet autonome, libre de son je. « J'ai envie, me dit-il, de dire à mon père : Vous ne m'avez pas écouté. Vous m'avez envoyé à quelqu'un qui m'écoute, mais ça ne me sert à rien. »

Il pose par là son vœu de m'annuler, pour pouvoir vraisemblablement, à partir de là, trouver des identifications masculines valables qui puissent l'aider à se situer.

Mais ce n'est pas ici le lieu de développer l'analyse de Félix. Si je me suis étendue sur ce cas, c'est uniquement pour mettre en relief les conflits sous-jacents à un problème apparemment objectif, comme peut l'être celui d'une simple orientation professionnelle. Tout sujet arrêté dans le cours de ses études par une *inhibi-*

tion a besoin d'une investigation psychanalytique plus poussée, faute de quoi il risque d'être orienté à faux dans le sens même de ses difficultés.

Or, il est fréquent, même en maison de santé (maisons de cure pour étudiants) de faire passer, avant toute idée de cure, la nécessité de *la réorientation.* Il arrive qu'on aille ainsi au devant de l'échec plus que de la réussite. C'est un mythe que de vouloir trouver un monde meilleur ou un milieu plus adéquat à telle forme de névrose ou de folie. Il est plus sage souvent d'être moins pressé, d'attendre d'abord que le sujet se retrouve dans sa propre histoire, avant de l'engager autoritairement dans une voie qu'il devrait, en fait, pouvoir découvrir de lui-même.

Mais alors, me direz-vous, c'est toute la question des tests que vous remettez en cause ?

— Ce n'est pas tant sa mise au point par le chercheur qui est ici en cause, que son application souvent trop naïve.

Le psychanalyste lui-même, pas plus que le psychologue n'est à l'abri de l'erreur, tant la pression des parents ou la pression sociale lui commandent parfois de répondre à une demande (d'orientation) parfois injustifiée. La tentation est d'autant plus grande quand le sujet la formule lui-même. Il appartient alors à l'analyste de situer la demande de façon telle que puisse au moins être aperçu ou entendu son aspect de leurre.

CHAPITRE IV

QU'EST-CE DONC QUE LE RENDEZ-VOUS AVEC LE PSYCHANALYSTE ?

La vulgarisation des notions psychanalytiques risque de donner de l'entretien avec le psychanalyste une image fausse, si l'on croit qu'il puisse se réduire à une relation duelle où le patient se borne à projeter sur l'analyste tout ce qu'il porte en lui à son insu — son inconscient. Dans cette conception, le rôle de l'analyste se réduirait à constater le caractère imaginaire — quasi déréel, de ces projections — et à en informer le patient. Somme toute, l'analyse se bornerait à une réduction de l'imaginaire au nom de la réalité.

Mais une analyse ne se déroule pas de cette façon. Nous sommes en présence d'un discours — qu'il s'agisse de celui des parents ou de celui de l'enfant — que l'on peut qualifier « *d'aliéné* », au sens étymologique du mot — plutôt que mensonger, comme on est tenté de dire par image — parce qu'il n'est pas le discours du sujet, mais des autres, ou de l'opinion. On ne sortirait pas de ce discours aliéné si l'expérience analytique n'était rien d'autre qu'une objectivation psychologique du sujet, d'un sujet qui continuerait à présenter un masque social — qui n'est même pas à lui — pour que l'autre, l'analyste, lui en interprète le sens.

Si Lacan, pour revenir aux sources freudiennes, a mis si fort l'accent sur le discours du sujet, plutôt que sur l'élaboration des stades du développement instinctuel[1], c'est parce que, son histoire, le sujet l'intègre d'une certaine façon dans son discours et c'est par sa parole qu'il constitue sa pensée dans une dialectique. « C'est en déchiffrant cette parole, nous dit Lacan[2], que Freud a retrouvé la langue première des symboles vivante dans la souffrance de l'homme de la civilisation (hiéroglyphes de l'hystérie, blasons de la folie) .»

Cette parole n'est pas toujours aisée à saisir, car l'homme utilise souvent le langage pour la masquer ou la noyer.

Ce n'est pas le lieu ici de développer ce qu'est une Psychanalyse. J'ai voulu pointer des positions essentielles, mal connues d'un public habitué à une vulgarisation simpliste et erronée de la psychanalyse. Que de mois perdus parce que l'on a « peur du transfert ». Je me suis promis, me dit une étudiante, que chez moi ça ne se passerait pas comme ça, je ne m'y laisserai pas prendre ».

« Je m'attends, me dit un autre, à ce que vous soyez successivement mon père, ma mère, mon frère et la femme de ma vie ».

Et le patient, dans sa conduite et son discours, va livrer d'abord ce folklore psychanalytique-là. Il lui faudra du temps pour comprendre que sa vérité se situe ailleurs, et il n'est pas toujours facile à un analyste de pouvoir la lui restituer.

1. Toute une littérature psychanalytico-médico-pédagogique s'est développée autour de cette vulgarisation erronée de la psychanalyse.
2. *La Parole et le Langage*, La Psychanalyse, Vol. I, P.U.F.

Si j'aborde ces notions, c'est parce que l'entretien de première consultation, aussi bien avec l'enfant qu'avec les parents, porte la marque de mon écoute psychanalytique. C'est en fonction d'une certaine écoute qu'une mère très assurée, équilibrée, me lâche parfois à la fin, cette parole clef « cet enfant m'use, je ne peux plus le sentir, je ne me supporte plus comme mère au foyer, je voudrais travailler ». Cette parole, n'est jamais lâchée *à n'importe quel moment.* Elle vient souvent après verbalisation par moi aux parents de l'examen de l'enfant. Le dialogue que j'ai alors avec eux est une suite à l'entretien du début. Cet entretien, souvent, serait complètement à reprendre, tant le premier discours des parents est d'abord le discours des autres. Leur souffrance ne peut être exprimée que dans la mesure où ils peuvent être assurés d'être entendus. Pourquoi un enfant ne serait-il pas « usant » ? pourquoi une mère ne serait-elle pas aussi bien à l'usine, au bureau que dans sa cuisine ? Ces questions ne peuvent être posées, que dans la mesure où l'Autre ne se change pas en éducateur ou en juge, dans la mesure où l'Autre enfin, accepte que jaillisse une Vérité qui n'est pas nécessairement conforme à la sienne.

« Je n'ai dit à personne que cet enfant n'est pas de mon mari ». Si cette femme a pu me faire cet aveu, essentiel en tant qu'aveu à *elle-même,* et non comme fait en soi, perturbant pour l'enfant, c'est qu'elle *savait* que je ne donnerais pas une réponse mutilante pour son être. Ce n'est pas que je cherche à ménager les parents, ce n'est ni leur intérêt, ni celui de l'enfant. Mais j'ai le souci de respecter des « aveux » qui ont un sens, non parce qu'ils s'adressent à un autre sujet, mais parce qu'ils reconstruisent, à partir de là, le sujet d'une certaine façon. Ce qui pour un enfant est dangereux, c'est le mensonge de la mère à elle-même. « Je le savais que cet enfant n'était pas de mon mari, *mais je ne voulais pas le savoir* ». En être consciente, c'est aussi l'assumer pleinement dans son destin de mère et d'épouse. C'est parce que cela la concerne, qu'il est nuisible qu'elle fasse comme si cela ne la concernait pas. L'enfant est toujours sensible à cette sorte de mensonge. Il est sensible d'ailleurs *à tout ce qui ne se dit pas.*

« Très jeune, me dit un enfant de 7 ans, à qui personne n'avait jamais parlé du divorce de ses parents, j'étais trimbalé dans les airs, dans tous les coins. Quand j'étais bien installé, il fallait que j'aille ailleurs. J'étais trimbalé, quoi... ma mère promettait de venir, elle ne venait pas. Au début, je la réclamais, puis je me suis dit que tout ça n'était pas bien normal. »

Sa mère était droguée, le petit ne le savait pas ?

« Elle était toujours couchée, ma mère, elle était *soi-disant* malade. J'allais jamais à l'école, peut-être 15 jours dans l'année. Depuis que j'ai 3 ans, je fais à sa place la cuisine et le ménage. »

Tout enfant n'a pas la chance de garder d'une façon aussi nette dans sa mémoire, le souvenir de ce qui l'a marqué. C'est d'en perdre le souvenir que peut naître la névrose.

Chez les mères d'enfants psychotiques, l'aveu d'une situation familiale perturbante n'est parfois donné qu'après un accident spectaculaire, tel un suicide. Le mari décrit comme « gentil », « admirable de dévouement », se révèle ensuite d'une nature différente « ce n'est que maintenant que je vois combien il était tyrannique, il me battait, m'injuriait, me disait sans cesse que je le trompais, je n'osais plus sortir, et le petit n'osait tellement plus pleurer, qu'il était figé devant lui, comme une statue de marbre ».

Dans un film récent, on a fait jouer à chacun des acteurs d'un drame sentimental leur histoire, donnant ainsi deux visions différentes d'un événement commun. Une situation familiale est généralement vécue par chaque membre de la famille sur un mode qui lui est personnel. On se côtoie et, en fait, chacun ignore tout de l'autre. Partager ensemble le couvert, un toit, des plaisirs, un lit, il semble que cela suffise, puisque peu d'êtres cherchent à savoir de quoi est vraiment fait celui avec lequel ils disent « vivre ». C'est peut-être là que réside la vraie forme de pudeur : son être intime, on ne le donne pas si facilement en partage, à commencer par soi-même d'abord. C'est pourquoi le premier entretien avec le psychanalyste est plus révélateur dans les distorsions du discours, que dans son contenu même. Ce contenu, s'étonne-t-on parfois, varie d'une séance à l'autre, d'un analyste à l'autre, c'est, nous ne le répéterons jamais assez, parce que la vérité de ce discours (comme Lacan nous le rappelle) c'est dans l'Autre qu'elle se constitue, à travers toujours un certain leurre. « C'est curieux, je me rends compte que je vous dis des choses qui sont le contraire de ce que j'ai dit au Docteur ».

— Contraire, pourquoi ?

— Parce que j'ai été surprise, et j'ai dit d'abord ce que je croyais qu'il fallait dire, j'ai eu maintenant le temps de *me* reprendre et de m'avouer ce que je préférais *me* tenir caché ».

Mais rares sont celles qui perçoivent aussi nettement qu'elles livrent deux discours différents...

A vivre avec son enfant, la mère finit parfois par oublier l'être qui se cache derrière l'objet à soigner. Elle manque vis-à-vis d'elle-même d'une certaine distance qui lui permettrait parfois de s'étonner d'un certain style de comportement. En parfaite maîtresse de maison, elle est tranquille quand chaque objet est à sa place ; mari et enfants prennent une certaine fonction dans cet univers clos qui exclut une possibilité d'évasion. Cette évasion, il arrive que l'enfant, faute de mieux, la recherche dans la maladie. Assujetti à la mère comme objet à soigner, il lui signifie en même temps qu'elle ne peut rien pour lui, rien si ce n'est avoir des désirs en dehors de lui.

Écoutons parler ces mères :

« Ma fille a un asthme que ne peut guérir. Les docteurs sont d'accord pour dire : c'est son subconscient. J'ai *pleuré* quand cette enfant est venue au monde. Je me disais que je n'aurais jamais en moi assez pour la gaver de tout ce que je souhaitais lui donner d'immense. Elle refusait de manger, oui, elle *me* faisait ça, alors que j'en prenais un tel soin. Je la mettais près de mon lit pour la surveiller, et elle ne dormait pas. Ah ! que de larmes versées pour elle ! Et puis, voilà qu'un jour, elle s'est mise à tousser, à être oppressée. Ce jour-là, l'asthme est entré en elle. On m'a dit que c'était pas de l'asthme vrai, seulement un malaise respiratoire. On lui a donné de la cortisone, rien n'y faisait. La petite devenait exigeante. J'ai abandonné mon travail, pour être toute à elle. Tout va dès lors en s'empirant. On me dit un jour, « c'est une grande malade, elle a tout le bas bloqué au point de vue respiratoire. » « Je sais que je ne guérirai jamais » me dit ma fille, ça me rend folle et je cours voir un autre docteur. On a cessé, mon mari et moi, d'avoir toute vie propre. Forcément, c'est sa respiration qu'on est là constamment à guetter.

Il y a bien un docteur qui a été surpris de constater qu'à l'*improviste* quand on ne s'occupe pas d'elle, l'enfant respire normalement. Je n'y crois guère. Mon enfant, il faut lui éviter les colères, les contrariétés, la jalousie : « Tu es ma maman à moi » me dit-elle, « je ne veux te partager avec personne ». Il faut que je fasse attention car ça lui plaît pas à la petite que je m'occupe de son père. Elle lui dit d'ailleurs : « Pour maman tu as des mots gentils, et pour moi, rien ». Ma vie est gâchée. Chaque heure, je pense à ses bronches, je tiens à lui mettre moi-même ses suppositoires, à l'entourer de soins, mais rien n'y fait. D'ailleurs je viens vous voir, mais vous, comme les autres, *vous n'y pourrez rien* ».

— A ce discours qui a, par moments, des résonances poétiques que peut-on ajouter ? Il est marqué, scandé, par la névrose même de la mère. Avant même de naître, cette enfant est le lieu du fantasme maternel, ce besoin d'amour immense n'évoque-t-il pas aussi l'angoisse, le danger de l'étouffement le plus total ? Cette enfant fait à ce point partie des humeurs de la mère que celle-ci *sait* que personne n'y pourra rien. En fait, elle ne désire pas qu'il en soit autrement. Chair de sa chair, souffrance de son cœur, meurtrissure intime, telle il faut que son enfant en elle demeure. Bouleversée à l'idée qu'il puisse en être ainsi, Mme Robertin me dit : « Cette enfant, il est trop tôt pour que je vous la donne, je veux me ressaisir, ensuite je viendrai seule. Je ne vous ai pas parlé de mes angoisses, elles avaient disparu avec la maladie de ma fille, c'est tout ça qui risque de reparaître, j'ai peur. C'est affreux l'idée qui me vient tout à coup, c'est absurde, c'est comme si on me demandait de choisir entre ma mort et celle de mon enfant. Quel non-sens, n'est ce pas ? A rester chez vous si longtemps, on finit par déraisonner, par perdre tout bon sens ».

Or, si quelque chose est à perdre dans la confrontation avec l'analyste, c'est un certain mensonge ; à travers cet abandon, le sujet reçoit en retour, comme véritable don, l'accès à sa vérité.

Je me suis limitée au *premier rendez-vous*. Je laisse donc en suspens la suite des entretiens, non sans insister sur ceci : lorsque des parents consultent pour leur enfant, il appartient à l'analyste de dégager, au delà de cet objet apporté, le sens de sa souffrance ou de sa perturbation, dans l'histoire même des deux parents. *Entreprendre une psychanalyse de l'enfant n'oblige pas les parents à mettre pour autant en question leur vie propre.* C'est au départ, avant l'entrée de l'enfant dans sa propre analyse, qu'il est bon de penser à la place qu'il occupe dans le fantasme parental. La précaution est nécessaire pour que les parents puissent accepter de laisser ensuite l'enfant à son destin. Cette autonomie, un enfant sain l'arrache au besoin par des crises caractérielles, des oppositions spectaculaires.

L'enfant névrosé paye, lui, ce désir d'évolution de sa personne jusque dans l'atteinte organique la plus sérieuse. Certaines affections (épilepsie) se trouvent ainsi aggravées par l'anxiété de l'entourage, compromettant le succès d'un traitement médical. Mère et enfant sont alors à entendre sur le plan psychanalytique, l'évolution de l'un n'est possible que si elle peut être acceptée par l'autre.

« Cette enfant », me dit une mère, « nous a mangé toute vie personnelle, il tombe, on ne peut le quitter. Il ne sait pas se servir de ses mains. Il se contracte. Il a été très atteint. Il ne pouvait écrire. A force d'être derrière lui, on s'est mis à trois à le faire démarrer, on est arrivé. Il vit dans un monde à lui. C'est une responsabilité que de l'avoir. On devrait l'attacher. J'ai la hantise d'un accident pour lui, j'ai peur de sa mort, tout le temps. Il a l'air ankylosé, avec cette tête en avant, toujours. C'est un cauchemar, cette tête entraîne son corps. Je ne peux être douce. Je suis obligée d'être dure pour l'éveiller. Il passe son temps à tomber. J'ai pensé lui faire mettre un corset. Il faut faire quelque chose. Je lui mène une drôle de vie. Je vous dis, Madame, c'est le corset de fer qu'il lui faut. Mon mari me dit que je me rends malade. Tant pis, que voulez-vous. Quand il tombe, je le bats. Que voulez-vous, tous les quarts d'heure il lui arrive quelque chose. Depuis le temps, c'est vraiment curieux qu'il ne se soit pas tué ».

Cet enfant, abîmé par des crises convulsives, *n'a aucun accident* en internat. La mère ne veut pas l'admettre « si vous l'attachiez, vous verriez bien qu'il tombe ».

Le discours saccadé de la mère livre ici sa propre angoisse quasi meurtrière. On ne sait trop si c'est l'enfant qui est en proie à une impulsion de chute, ou si c'est la mère qui est comme poussée à faire tomber son fils, doux, gentil, habité dans son corps par la panique la plus totale.

Le rendez-vous avec le psychanalyste, c'est une rencontre, à travers l'Autre, avec son propre mensonge. Ce mensonge, l'enfant le présente dans son symptôme. Ce qui lui fait du mal, à cet enfant, ce n'est pas tant la situation réelle, *que tout ce qui n'est pas dit* — et dans ce non dit, que de drames inexprimables en mots, que de folies masquées par un équilibre apparent, mais dont l'enfant, toujours, fait tragiquement les frais. L'analyste est là pour permettre à travers la mise en question d'une situation, le départ d'un enfant sur un chemin qui doit lui appartenir en propre.

CHAPITRE V

PSYCHANALYSE ET PÉDAGOGIE

Il y a cinquante ans à peine, instituteurs et professeurs avaient le privilège d'être seuls à orienter leurs élèves. Des considérations de classes sociales jouaient, bien sûr : on hésitait toujours à conseiller des études coûteuses à un enfant de milieu peu aisé ; le fils de bourgeois, en revanche, était rarement contrarié dans la voie choisie pour lui par ses parents. Le nombre limité des élèves permettait aux enseignants de mieux connaître leurs enfants et d'établir, sans trop se tromper, un pronostic de réussite. L'augmentation des effectifs, la surcharge des classes à tous les niveaux de l'enseignement, a changé les modalités mêmes de l'instruction. Il ne s'agit plus tant de connaître les élèves que de leur dispenser au mieux, dans des conditions qui empirent sans cesse, un savoir qu'ils assimilent avec une réticence accrue. On cherche à pallier l'insuffisance des maîtres par des méthodes audio-visuelles, la télévision a fait son entrée dans les établissements scolaires. Les méthodes d'enseignement se diversifient, on fait tour à tour appel à la création de classes pilotes, aux méthodes actives. Le souci des maîtres semble être d'obtenir de leurs élèves participation et intérêt à leur travail.

L'enfant, attiré par la rue, le cinéma, les activités culturelles diverses déserte, dit-on, la classe. « Les élèves deviennent nuls ; dans notre génération, me dit un professeur, des devoirs pareils n'auraient jamais obtenu la moyenne. » La crise est dans l'Enseignement, on ne peut plus la cacher. Elle nourrit nos lectures quotidiennes au même titre que le scandale du logement, les meurtres en série, etc. Cependant, la cause du mal, on la cherche ailleurs que là où elle se trouve en fait. A chercher des formules pédagogiques meilleures (qu'on abandonne ensuite faute de crédits), on masque la tragédie d'un corps enseignant *qui ne peut plus* exercer son métier.

« Le Proviseur, me dit une mère, ne peut pas me recevoir, il n'a pas le temps. On me dit au lycée que c'est une chance que mon enfant y soit, mais ils sont trop nombreux, ajoute-t-on, pour qu'on puisse s'en occuper. » « On n'est pas psychologue, me dit un professeur, on n'a pas le temps. S'il ne fait rien, voyez le Bureau d'Orientation. »

Les maîtres qui cherchent malgré tout à prendre du temps, sont débordés par le nombre d'enfants, leur action *d'isolés* s'avère souvent inefficace. De nos jours, il est établi que « si un enfant ne « rend pas », il n'y a qu'à le mettre dans l'Enseignement Privé ». Des Collèges libres suppléent ainsi, dans certains cas, à la carence des Écoles d'État, mais la crise commence à les atteindre aussi, et le manque de personnel qualifié se fait particulièrement sentir dans les classes primaires confiées de plus en plus à des débutants, alors qu'il s'agit d'une forme d'enseignement qui est loin d'être simple. Les « bureaux d'orientation » jouent un rôle important dans certaines villes de province ; on y donne, à la place des maîtres, des conseils d'orientation scolaire. « Que voulez-vous, si votre fils est paresseux, abandonnez l'idée de lui faire faire des études. Que penserait-il d'un métier de plein air où il pourrait se dépenser ? »

Le psychologue scolaire (poste un temps créé puis supprimé) est, lui aussi, appelé à entrer, à la place du professor, en dialogue avec des parents inquiets. Certains établissements envoient tout cas difficile en consultation psychanalytique. Il y a mobilisation du groupe familial autour du « non vouloir » scolaire, mobilisation précédée souvent de tentatives vaines de rééducations diverses. Le problème posé actuellement par les effets néfastes d'un enseignement préoccupé avant tout de sauver la face, est d'abord un *problème politique*. Il appartient en effet à l'Éducation Nationale de donner aux maîtres les possibilités d'exercer leur fonction. En attendant, les « inadaptés scolaires » viennent augmenter chaque année l'effectif des consultations publiques et privées. Des palliatifs sont offerts aux parents, sous la forme de cours privés, cours de rattrapage, etc. La Sécurité Sociale est même appelée à l'aide pour subventionner des écoles spécialisées dans les techniques de rattrapage scolaire. Loin de moi l'idée de critiquer l'apport indiscutable de ces organismes divers. Ils témoignent cependant, par leur existence même, d'une faillite de l'Enseignement. C'est ainsi que la médecine reçoit de nos jours la charge ingrate d'y porter remède.

Or, les progrès apportés dans le dépistage des troubles de dyslexie, de dyscalculie, ne doivent pas nous faire perdre de vue le fait essentiel suivant, c'est dans le cadre de l'École Publique, que devrait être donnée la possibilité d'un enseignement adapté aux « cas spéciaux ». Mais ceci suppose un retour à des classes à faible effectif, avec des maîtres non surchargés dans leur travail. L'enseignement dans la classe préparatoire et élémentaire ne devrait pas être réservé aux débutants ou aux stagiaires ; tout enseignant devrait être plus au fait qu'il ne l'est actuellement des perturbations qui peuvent survenir dans le domaine de la lecture, de l'orthographe, du calcul. L'enfant aidé à 7 ans a plus de chances de s'en tirer que s'il est pris en main à 10 ans avec déjà, derrière lui, un passé d'échec scolaire. Avant de se demander ce que la psychanalyse peut apporter à la pédagogie, il importe, répétons-le encore, de créer une situation où l'Enseignement soit *rendu possible.* Il vaut toujours mieux pour un enfant être « rattrapé » dans son cadre scolaire, qu'à l'hôpital, fût-ce de jour[1].

La multiplication de maisons « médicales » pour inadaptés scolaires est en soi un problème d'époque. La sollicitude maternelle dont ces enfants font l'objet crée dans certains cas une perversion du comportement. A échapper à la loi scolaire, ils cherchent aussi dans leur rapport à l'Autre, à nier toute forme d'obligation ou de devoir. Ces « cas spéciaux » forment une catégorie de privilégiés à qui tout est dû. L'avenir nous

1. Des hôpitaux de jour ont des classes de rattrapage. Leur existence est utile, mais souligne une certaine démission de l'Éducation Nationale, qui ne fait pas face à ses obligations. Le « droit à la maladie » est entrée dans nos mœurs, au point de nous faire négliger le sujet non encore « malade ».

dira ce que cette nouvelle forme d'éducation réserve. Encore une fois, loin de moi l'idée d'arrêter l'expansion actuelle des externats médico-pédagogiques. Il n'en reste pas moins que cette expansion pose un problème au même titre que celui de la carence de l'enseignement. Il est évident que, pour l'enfant, la meilleure solution est de recevoir « l'instruction de tout le monde », encore faudrait-il que cette instruction réponde à ses difficultés.

La réflexion psychanalytique nous permet d'éclairer la signification des troubles temporo-spatiaux auprès d'une certaine catégorie d'enfants. (Ces troubles vont généralement de pair avec des désordres graves dans le domaine de la lecture, de l'orthographe, du calcul. Une psychanalyse s'impose alors, avant toute forme de rééducation ; le maintien de l'enfant dans l'établissement fréquenté est demandé pour éviter que ne s'accentue, pour lui, le côté spectaculaire des « cas spéciaux » vivant entre eux.)

1° Les troubles vont de pair avec une difficulté du sujet à se situer par rapport à son corps propre (ce corps bien souvent ne lui appartient pas, ne le concerne pas, il est en fait propriété de la mère, il s'agit d'une relation très particulière à la mère, comme on la retrouve dans des cas de débilité et de psychose).

2° On constate une impossibilité à se situer dans une *lignée* : ma mère devient aussi bien ma femme. Et ma grand-mère, une dame interchangeable, sans liens de parenté. Dans ce monde, personne n'a sa place et aucune règle ne préside aux relations de parenté. Dès que le sujet se sert du langage, il y a confusion.

3° Qu'il s'agisse des mois de l'année, des jours, du temps, de l'heure, le sujet se trouve dans un temps sans repère, avec refus d'utiliser une nomenclature d'usage. Et s'il consent à l'utiliser, c'est dans l'absurde : janvier ça ne correspond à rien, ça n'a pas de sens, pas plus que n'a de sens la notion de parenté.

Les rééducateurs eux-mêmes se rendent compte qu'il y a là un problème qui leur échappe. « J'ai dessiné, me dit un rééducateur, trois Claude ; assis, couché, debout. Je lui ai demandé « combien de Claude y a-t-il ? » Je n'ai pas pu obtenir que l'enfant me dise : il n'y en a qu'un. Pour lui, il fallait qu'il y en ait trois ».

De notre place d'analyste, un éclairage peut être donné : en effet, ce fameux Claude, bloqué de stupeur quand on lui demande s'il est *un* ou s'il est *trois*, demandons-nous ce que cela veut dire dans le rapport de cet enfant à l'Autre ? Quel est le Claude qui doit disparaître pour satisfaire l'exigence du rééducateur, rejoignant ainsi les fantasmes de ce type d'enfants chez qui le vœu des parents qu'il réussisse, qu'il soit beau, recouvre souvent un autre vœu (inconscient) : qu'il meure. Cette simple question nous permet de saisir une des dimensions de certaines aberrations scolaires. C'est dans des cas analogues qu'un maître, même hautement qualifié, n'arrive à rien, car ce trouble en fait nous renvoie ailleurs, à la maladie (mentale) de l'enfant.[1] Une institutrice me signale ainsi les

1. Ou simplement à son monde fantasmatique. Certaines formes de questions induisent (pour des raisons inconscientes précises) des réponses aberrantes sans que le sujet soit pour autant névrosé. Demander à un enfant s'il est *un* ou s'il est *trois*, peut être en soi une question déroutante, voire perturbante.

« étrangetés » de son élève : elle choisit, me dit-elle, ses opérations, ses problèmes, et parfois ses chiffres, elle a, à d'autres moments, une conversation intelligente ».

Que donne le discours de cette enfant au cours d'un entretien avec moi ? « Toi, un jour, tu avais des jambes bronzées et tu étais contente. Tu étais dernière de classe, ton papa était content de ton idiotie et t'a donné une récompense. Mme M. était heureuse en vacances, elle travaillait. Tandis que quand c'était pour travailler, elle pleurait beaucoup, ça lui plaisait de pleurer. Elle pleurait dans la vie sur son travail. Mme M. n'existe pas, tu n'es pas là. Ah ! les yeux de Mme M., les gros yeux que tu te faisais à toi-même quand tu avais *0 an.* Tu te faisais ça pour le plaisir de te faire peur. Te voilà à *un an :* tu pleurais, tu disais ta prière et tu disais à Dieu que tu étais folle, mais Dieu c'était personne, c'était toi aussi bien. *3 ans* : tu étais mignonne, toi, tu existais, mais pas les autres, car tu étais folle. Tu avais une bouche spéciale pour le pain, tu te le fabriquais. Il n'y avait personne pour te le fabriquer. *Je te le dis,* tu étais seule. A *4 ans,* tu avais une banane et tu priais. Tu disais sans te plaindre que tu étais folle, tu disais tout dans le vide à personne. Je te le dis, Dieu est le vide, il est Personne. *5 ans :* les gens existent, mais ils sont bêtes et tu ne leur parles pas. *6 ans :* tu étais belle pour toi. Tu ne voulais pas être belle pour les autres. Je te le dis, les autres n'existent pas. »

Mireille a beau me dire *tu,* je n'existe pas en tant qu'Autre comme lieu de la parole. Elle explique dans ce texte, si poignant dans son rythme même, que les mots ne renvoient à rien. Son message, a-t-elle l'air de me dire, n'a pas de fondement dans l'Autre, il ne cherche à recevoir aucune révélation de sens. Le monde de Mireille se situe en effet hors de tout champ spatial, il n'y a ni sujet, ni interlocuteur... Cette succession de corps partiels introjectés viennent là comme autant de menaces endogènes.

Il s'agit d'une enfant aliénée, ayant cependant une fréquentation scolaire normale, malgré des résultats scolaires imprévisibles et toujours déroutants...

Dans les cas d'inadaptation scolaire, nous trouvons une gamme variée de sujets. Tous n'ont pas besoin d'une cure psychanalytique. Beaucoup de troubles mineurs pourraient être rééduqués dans le cadre scolaire même où se trouve l'enfant. Rappelons à cet effet qu'il est utile de distinguer :

1° Le symptôme ayant valeur de message ; s'il est rééduqué au lieu d'être entendu (sur un plan psychanalytique) cela peut créer des aggravations nettes de l'état de l'enfant.

2° Le symptôme sans valeur de message : la rééducation réussit dans ce cas. Il est possible pour un maître, s'il a peu d'élèves, de tenir compte, dans son enseignement, des difficultés spécifiques (dans le domaine de l'orthographe et du calcul), voire de repenser cet enseignement en fonction des découvertes récentes dans ce domaine. La création d'hôpitaux de jour ne devrait pas nous faire perdre de vue les enfants normaux qui, actuellement, attendent parfois d'être étiquetés « malades » pour bénéficier d'un enseignement correspondant à leurs difficultés. Or, j'estime qu'il ne suffit pas de créer une loi d'obligation scolaire, il faut la rendre applicable dans la pratique. Ce rappel « d'impératifs pédagogiques » a sa place dans ce livre, dans la mesure où nos consultations se trouvent débordées par trop de cas bénins d'inadaptation scolaire qui auraient pu se résoudre dans le cadre d'un enseignement traditionnel normal si celui-ci était mieux adapté aux exigences de chacun.

CONCLUSIONS

Le premier rendez-vous avec le psychanalyste est avant tout une rencontre avec soi-même, un soi-même qui cherche à sortir de la fausseté. L'analyste est là, pour restituer au sujet, comme don, sa vérité. Si l'enfant-problème pose implicitement celui du couple parental, il n'y a cependant pas lieu d'y faire face avec des *méthodes de groupe.* (La famille n'est certainement pas un « groupe » au sens où on prend ce mot dans l'expression psychologique. Ce qui compte, ce n'est pas la vie collective des individus qui la composent, mais les structures cachées que cette vie impose à chacun.) Si le couple parental pose sa question à *travers son enfant,* c'est par référence à la propre histoire de ce couple qu'elle doit prendre un sens. L'analyste est là, non tant pour apporter des solutions, que pour permettre à la question de se poser à travers l'angoisse que dénude l'abandon des protections mensongères. C'est dans une dialectique sur un plan relationnel que se livre le débat. La formation de l'interlocuteur le met à l'abri de la toute-puissance que donne l'investiture (il peut en effet n'être ni médecin, ni professeur), sa force réside dans le simple fait qu'il s'accepte comme lieu de rencontre : c'est à travers lui, au delà de lui qu'une vérité pourra être saisie par l'Autre. Il n'est ni directeur de conscience, ni guide, ni surtout éducateur. Il n'a pas le souci de donner une ordonnance ou de désirer une réussite. Son rôle est de permettre que la *parole soit.*

Ce ne sera jamais n'importe quelle parole. L'aveu à soi-même ne se fait pas dans n'importe quelle situation. A qui vais-je livrer le plus intime de mon être ? Assurément pas à n'importe qui. Ce n'est pas l'investiture qui compte ici, mais la qualité de l'interlocuteur capable de placer le débat à un autre niveau que celui de la pure relation duelle. Le premier rendez-vous n'est souvent guère plus qu'une mise au point, une mise en ordre de pièces d'un jeu d'échecs. Tout reste à jouer par la suite, mais les personnages ont pu être mis en place. Ce qui, à la fin, peut être dessiné, c'est le *sujet,* perdu, oublié dans les fantasmes parentaux. Son surgissement comme être autonome, non aliéné dans les parents est, en soi, un moment important. Que des questions d'orientation, de scolarité aient à se poser est, en soi, un détail. Ce qui importe, c'est leur insertion dans une dynamique de la reconnaissance.

La psychanalyse n'est pas un dû. C'est pourquoi, avant d'envisager son extension comme on pourrait le faire dans un souci de progrès social, il convient d'examiner sérieusement les problèmes qu'elle pose.

De nos jours, les difficultés psychologiques d'un enfant donnent à la famille des *droits*, sans pour autant que les devoirs des parents (ou du sujet) soient suffisamment mis en relief. La consultation publique, utile et nécessaire, risque cependant de valider chez le couple parental une sorte de demande aveugle, visant à conserver des masques plutôt qu'à mettre à jour le vrai problème. Une consultation psychanalytique n'a de sens que si les parents sont prêts à ôter les masques, à reconnaître l'inadéquation de leur demande et à se mettre en question d'une certaine façon. La psychanalyse, si elle doit conserver son sens et sa valeur propre, reste, d'une certaine façon, extérieure, même si elle ne leur est pas étrangère, aux organisations institutionnelles. Le premier rendez-vous avec le psychanalyste demeure, dans sa banalité apparente, une rencontre véritablement exceptionnelle. Il s'agit, nous l'avons dit, d'une rencontre avec soi-même, c'est-à-dire avec un autre en soi qui s'ignore. « Ce que l'analyste donne, nous dit Lacan, c'est ce qui est à l'autre ». Cette révélation de cet autre en nous, nous la recevons en de rares moments féconds, à cet instant électif de notre histoire où déjà nous pouvons assumer l'aventure que représente pour nous la rupture avec un discours mensonger, celui qui toujours fut le nôtre.

Rien ne sera fait au cours de la consultation psychanalytique pour procurer au sujet ce qu'il *demande*. Or, c'est cette même demande qui le conduit vers le médecin ou le rééducateur qui, eux, peuvent y répondre valablement. Le rôle du psychanalyste est d'en considérer le caractère trompeur, afin d'aider le sujet à se situer correctement à l'égard de lui-même et des autres.

L'enfant, sensible, nous l'avons vu, à *tout ce qui ne se dit pas* retire d'une telle confrontation la possibilité d'un nouveau départ, voire d'un premier départ comme être autonome, non aliéné dans le désir des parents.

DU MÊME AUTEUR

Aux Éditions du Seuil

L'ENFANT ARRIÉRÉ ET SA MÈRE, 1964.

L'ENFANT, SA « MALADIE » ET LES AUTRES, 1967.

LE PSYCHIATRE, SON « FOU » ET LA PSYCHANALYSE, 1970.

ÉDUCATION IMPOSSIBLE (*en collaboration avec S. Benhaim et R. Lefort*), 1973.

UN LIEU POUR VIVRE, 1976.

LA THÉORIE COMME FICTION, 1979.

D'UN IMPOSSIBLE À L'AUTRE, 1982.

LE SYMPTÔME ET LE SAVOIR, 1983.

Aux Éditions Denoël

UN SAVOIR QUI NE SE SAIT PAS, 1985.

L'EXPÉRIENCE ANALYTIQUE, 1985.

BONNEUIL, SEIZE ANS APRÈS, 1986.

TEL

Volumes parus

1. Jean-Paul Sartre : *L'être et le néant.*
2. François Jacob : *La logique du vivant.*
3. Georg Groddeck : *Le livre du Ça.*
4. Maurice Merleau-Ponty : *Phénoménologie de la perception.*
5. Georges Mounin : *Les problèmes théoriques de la traduction.*
6. Jean Starobinski : *J.-J. Rousseau, la transparence et l'obstacle.*
7. Émile Benveniste : *Problèmes de linguistique générale, I.*
8. Raymond Aron : *Les étapes de la pensée sociologique.*
9. Michel Foucault : *Histoire de la folie à l'âge classique.*
10. H.-F. Peters : *Ma sœur, mon épouse.*
11. Lucien Goldmann : *Le Dieu caché.*
12. Jean Baudrillard : *Pour une critique de l'économie politique du signe.*
13. Marthe Robert : *Roman des origines et origines du roman.*
14. Erich Auerbach : *Mimésis.*
15. Georges Friedmann : *La puissance et la sagesse.*
16. Bruno Bettelheim : *Les blessures symboliques.*
17. Robert van Gulik : *La vie sexuelle dans la Chine ancienne.*
18. E. M. Cioran : *Précis de décomposition.*
19. Emmanuel Le Roy Ladurie : *Le territoire de l'historien.*
20. Alfred Métraux : *Le vaudou haïtien.*
21. Bernard Groethuysen : *Origines de l'esprit bourgeois en France.*
22. Marc Soriano : *Les contes de Perrault.*
23. Georges Bataille : *L'expérience intérieure.*
24. Georges Duby : *Guerriers et paysans.*
25. Melanie Klein : *Envie et gratitude.*
26. Robert Antelme : *L'espèce humaine.*
27. Thorstein Veblen : *Théorie de la classe de loisir.*
28. Yvon Belaval : *Leibniz, critique de Descartes.*
29. Karl Jaspers : *Nietzsche.*
30. Géza Róheim : *Psychanalyse et anthropologie.*
31. Oscar Lewis : *Les enfants de Sanchez.*

32. Ronald Syme : *La révolution romaine.*
33. Jean Baudrillard : *Le système des objets.*
34. Gilberto Freyre : *Maîtres et esclaves.*
35. Verrier Elwin : *Maisons des jeunes chez les Muria.*
36. Maurice Merleau-Ponty : *Le visible et l'invisible.*
37. Guy Rosolato : *Essais sur le symbolique.*
38. Jürgen Habermas : *Connaissance et intérêt.*
39. Louis Dumont : *Homo hierarchicus.*
40. D. W. Winnicott : *La consultation thérapeutique et l'enfant.*
41. Sören Kierkegaard : *Étapes sur le chemin de la vie.*
42. Theodor W. Adorno : *Philosophie de la nouvelle musique.*
43. Claude Lefort : *Éléments d'une critique de la bureaucratie.*
44. Mircea Eliade : *Images et symboles.*
45. Alexandre Kojève : *Introduction à la lecture de Hegel.*
46. Alfred Métraux : *L'île de Pâques.*
47. Émile Benveniste : *Problèmes de linguistique générale, II.*
48. Bernard Groethuysen : *Anthropologie philosophique.*
49. Martin Heidegger : *Introduction à la métaphysique.*
50. Ernest Jones : *Hamlet et Œdipe.*
51. R. D. Laing : *Soi et les autres.*
52. Martin Heidegger : *Essais et conférences.*
53. Paul Schilder : *L'image du corps.*
54. Leo Spitzer : *Études de style.*
55. Martin Heidegger : *Acheminement vers la parole.*
56. Ludwig Binswanger : *Analyse existentielle et psychanalyse freudienne (Discours, parcours et Freud).*
57. Alexandre Koyré : *Études d'histoire de la pensée philosophique.*
58. Raymond Aron : *Introduction à la philosophie de l'histoire.*
59. Alexander Mitscherlich : *Vers la société sans pères.*
60. Karl Löwith : *De Hegel à Nietzsche.*
61. Martin Heidegger : *Kant et le problème de la métaphysique.*
62. Anton Ehrenzweig : *L'ordre caché de l'art.*
63. Sami-Ali : *L'espace imaginaire.*
64. Serge Doubrovsky : *Corneille et la dialectique du héros.*
65. Max Schur : *La mort dans la vie de Freud.*
66. Émile Dermenghem : *Le culte des saints dans l'Islam maghrébin.*
67. Bernard Groethuysen : *Philosophie de la Révolution française,* précédé de *Montesquieu.*

68. Georges Poulet : *L'espace proustien.*
69. Serge Viderman : *La construction de l'espace analytique.*
70. Mikhaïl Bakhtine : *L'œuvre de François Rabelais et la culture populaire au Moyen Âge et sous la Renaissance.*
71. Maurice Merleau-Ponty : *Résumés de cours (Collège de France, 1952-1960).*
72. Albert Thibaudet : *Gustave Flaubert.*
73. Leo Strauss : *De la tyrannie.*
74. Alain : *Système des beaux-arts.*
75. Jean-Paul Sartre : *L'Idiot de la famille, I.*
76. Jean-Paul Sartre : *L'Idiot de la famille, II.*
77. Jean-Paul Sartre : *L'Idiot de la famille, III.*
78. Kurt Goldstein : *La structure de l'organisme.*
79. Martin Heidegger : *Le principe de raison.*
80. Georges Devereux : *Essais d'ethnopsychiatrie générale.*
81. J.-B. Pontalis : *Entre le rêve et la douleur.*
82. Max Horkheimer/Theodor W. Adorno : *La dialectique de la Raison.*
83. Robert Klein : *La forme et l'intelligible.*
84. Michel de M'Uzan : *De l'art à la mort.*
85. Sören Kierkegaard : *Ou bien... Ou bien...*
86. Alfred Einstein : *La musique romantique.*
87. Hugo Friedrich : *Montaigne.*
88. Albert Soboul : *La Révolution française.*
89. Ludwig Wittgenstein : *Remarques philosophiques.*
90. Alain : *Les Dieux* suivi de *Mythes et Fables* et de *Préliminaires à la Mythologie.*
91. Hermann Broch : *Création littéraire et connaissance.*
92. Alexandre Koyré : *Études d'histoire de la pensée scientifique.*
93. Hannah Arendt : *Essai sur la Révolution.*
94. Edmund Husserl : *Idées directrices pour une phénoménologie.*
95. Maurice Leenhardt : *Do Kamo.*
96. Elias Canetti : *Masse et puissance.*
97. René Leibowitz : *Le compositeur et son double (Essais sur l'interprétation musicale).*
98. Jean-Yves Tadié : *Proust et le roman.*
99. E. M. Cioran : *La tentation d'exister.*
100. Martin Heidegger : *Chemins qui ne mènent nulle part.*
101. Lucien Goldmann : *Pour une sociologie du roman.*
102. Georges Bataille : *Théorie de la religion.*

103. Claude Lefort : *Le travail de l'œuvre : Machiavel.*
104. Denise Paulme : *La mère dévorante.*
105. Martin Buber : *Judaïsme.*
106. Alain : *Spinoza.*
107. Françoise Collin : *Maurice Blanchot et la question de l'écriture.*
108. Félicien Marceau : *Balzac et son monde.*
109. Ludwig Wittgenstein : *Tractatus logico-philosophicus,* suivi de *Investigations philosophiques.*
110. Michel Deguy : *La machine matrimoniale ou Marivaux.*
111. Jean-Paul Sartre : *Questions de méthode.*
112. Hannah Arendt : *Vies politiques.*
113. Régis Debray : *Critique de la Raison politique ou L'inconscient religieux.*
114. Jürgen Habermas : *Profils philosophiques et politiques.*
115. Michel de Certeau : *La Fable mystique.*
116. Léonard de Vinci : *Les Carnets, 1.*
117. Léonard de Vinci : *Les Carnets, 2.*
118. Richard Ellmann : *James Joyce, 1.*
119. Richard Ellmann : *James Joyce, 2.*
120. Mikhaïl Bakhtine : *Esthétique et théorie du roman.*
121. Ludwig Wittgenstein : *De la certitude.*
122. Henri Fluchère : *Shakespeare, dramaturge élisabéthain.*
123. Rémy Stricker : *Mozart et ses opéras.*
124. Pierre Boulez : *Penser la musique aujourd'hui.*
125. Michel Leiris : *L'Afrique fantôme.*
126. Maître Eckhart : *Œuvres (Sermons-Traités).*

Ouvrage reproduit
par procédé photomécanique.
Impression S.E.P.C.
à Saint-Amand (Cher), le 2 février 1988.
Dépôt légal : février 1988.
Numéro d'imprimeur : 128.
ISBN 2-07-071232-X. / Imprimé en France.

42726